나의 미래를 맞혀봐!
성격테스트

성격 테스트로 네가 몰랐던 숨은 장점을 찾아보자!

OLD STAIRS

차례

0 HOW
성격 테스트 사용 방법 ···· 004

1 INTRO
성격 테스트로 나의 숨은 장점이 보인다고? ···· 006

2 성격 테스트

자율성/원칙성 ···· 026	계획성 ···· 092
낙관성/비관성 ···· 032	희생성 ···· 097
둔감성/예민성 ···· 038	포용력 ···· 102
대담성/소심성 ···· 044	꼼꼼함 ···· 107
결단성/신중성 ···· 050	자신감 ···· 112
외향성/내향성 ···· 056	자존감 ···· 117
승부욕 ···· 062	자존심 ···· 122
개방성 ···· 067	자기반성 ···· 127
호기심 ···· 072	인정욕 ···· 132
도전욕 ···· 077	감성적 ···· 137
열정 ···· 082	공감 능력 ···· 142
참을성 ···· 087	비판적 사고 ···· 147

3 유형 체크표
나의 유형은 무엇일까? ···· 152

4 테스트 결과

개구쟁이형 ···· 160	불도저형 ···· 171
고집쟁이형 ···· 161	예술가형 ···· 172
무사태평형 ···· 162	혁신가형 ···· 173
변덕쟁이형 ···· 163	연구자형 ···· 174
분위기 메이커형 ···· 164	승부사형 ···· 175
근심걱정형 ···· 165	탐험가형 ···· 176
천사형 ···· 166	완벽주의형 ···· 177
철학자형 ···· 167	연예인형 ···· 178
서포터형 ···· 168	운동선수형 ···· 179
발명가형 ···· 169	모범생형 ···· 180
마당발형 ···· 170	대장형 ···· 181

1단계 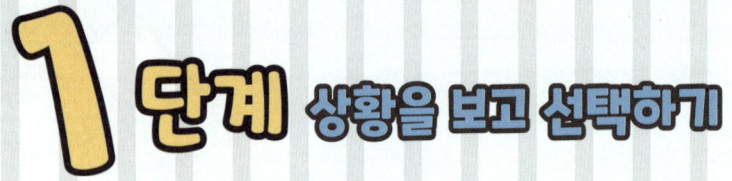 상황을 보고 선택하기

만화 속 주인공이 나였다면 어떤 선택을 했을까? 두 가지 선택을 보고 내 마음이 더 끌리는 쪽을 골라보자. 그러면 그동안 몰랐던 나의 성향과 숨어있던 잠재력을 알게 될 거야.

Q1. 나는 받아쓰기 할 때…

- 내 맘대로 쓴다.
- 규칙대로 반듯하게 쓴다.

Q2. 후문이 출입 금지라면…

- 무시하고 후문으로 나간다.
- 안전하게 정문으로 나간다.

Q3. 숙제 노트를 잃어버렸다면…

- 아무 노트에 쓴다.
- 선생님께 다시 받는다.

Q4. 색칠 놀이를 할 때…

- 아무 색이나 쓴다.
- 실제 색에 가깝게 쓴다.

성격 테스트 사용 방법 HOW

2단계 점수 계산하기

모든 테스트를 끝낸 뒤,
내 성향별 점수들을
빈칸에 넣고 계산해봐.

점수가 높은 유형들은 그만큼
나와 가까운 성격이겠지?

참고로, 내 유형은
한 가지가 아닐 수도 있어!

3단계 성격 공부하기

이제 내 유형에 대해 알아볼 차례야.
나와 같은 유형은 어떤 사람들인지,
어떤 일들을 겪는지 알면
내 성격을 더 깊게 이해할 수 있어.

물론, 주변 친구들의 성격을
이해할 수 있는 기회이기도 해.

세상에 있는 다양한
성격 유형을 알아보고
그 사람들과 어떻게 지내면
좋을지 생각해보자.

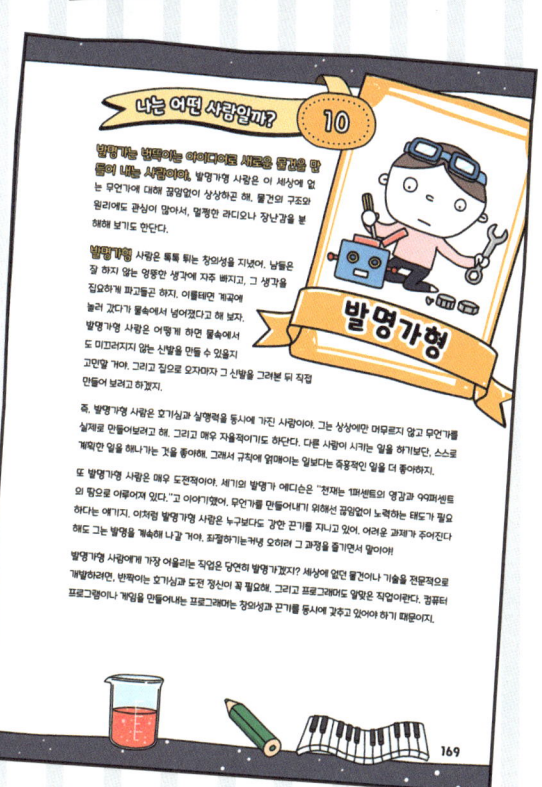

1
· INTRO ·
성격 테스트로 나의 숨은 장점이 보인다고?

INTRO 성격 테스트로 나의 숨은 장점이 보인다고?

한껏 풀이 죽은 아이.

그 이름은 차민준!

내 성격은 왜 이렇게 소심하지?

아까 나한테 짜증 내는 친구한테 한마디도 못 하고

하지만 나랑 성격이 정반대인 아이도 있지.

맡기 싫은 청소 당번도 떠밀려서 맡고 말았어.

우리 반의 대담이라는 아이다.

대담이는 남들이 무서워하는 벌레가 나타나면

꺄악~ 벌레다!

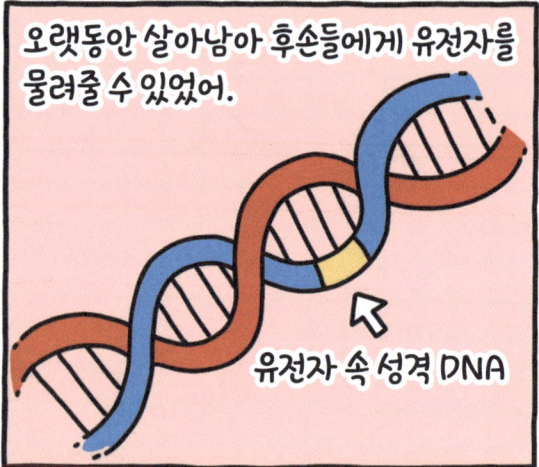

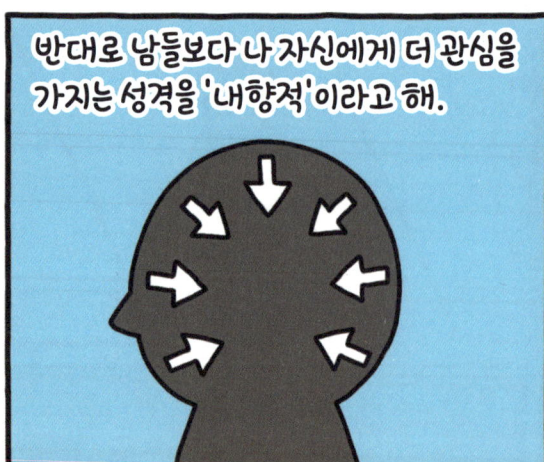

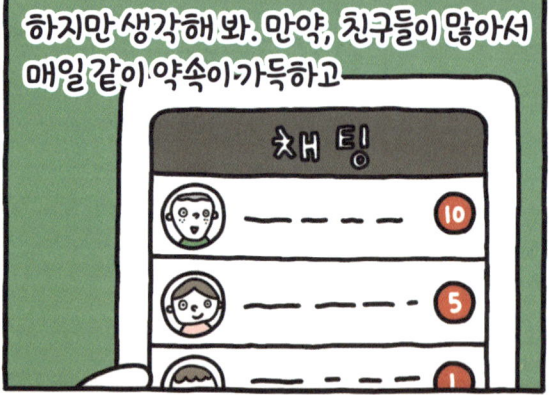
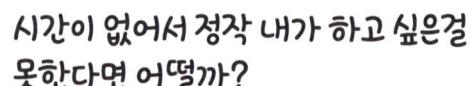

그러니까 세상에 안 좋기만 한 성격은 없어.

으엑! 민트 초코잖아!

맛있는데?

모든 성격에는 장점이 있는 거야!

맛은 다르지만, 둘 다 맛있지?

흠흠, 그리고 한 가지 중요한 사실이 또 있어.

사실 성격은 수십 가지로 나눌 수 있다는 것!

수십 가지나 된다고?!

생각해 봐. 소심한 성격과 내향적인 성격을 왜 구분했을까?

대담하면서 내향적인 사람도 있고

소심하면서 외향적인 사람도 있기 때문이야.

그냥 입을래~

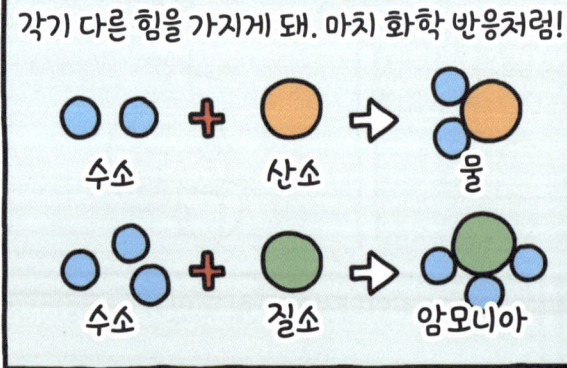

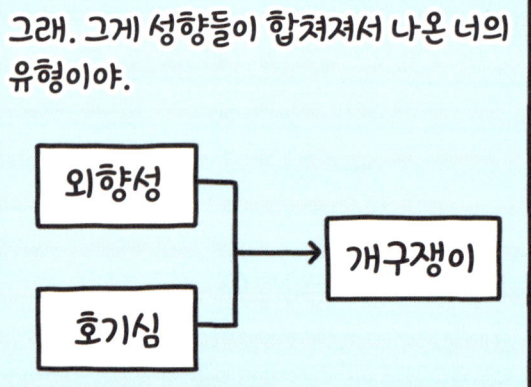

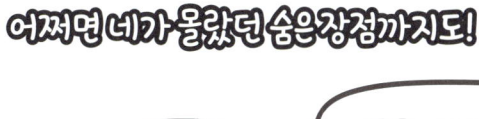

2

성격 테스트

자율성/원칙성 계획성
낙관성/비관성 희생성
둔감성/예민성 포용력
대담성/소심성 꼼꼼함
결단성/신중성 자신감
외향성/내향성 자존감
승부욕 자존심
개방성 자기반성
호기심 인정욕
도전욕 감성적
열정 공감 능력
참을성 비판적 사고

 받아쓰기의 법칙! 나의 선택은?

받아쓰기 시간이 왔다!

100점짜리 실력을 보여줄 거야!

그런데 선생님께서 내 글씨를 지적하셨다.

'비읍'은 그렇게 쓰는 게 아니야~

너는 이렇게 썼지?

하지만 이 순서대로 쓰면 더 예쁘게 써진단다.

오호~ 그런 방법이?!

tip 그림의 상황 중, 더 끌리는 쪽을 색칠해봐.

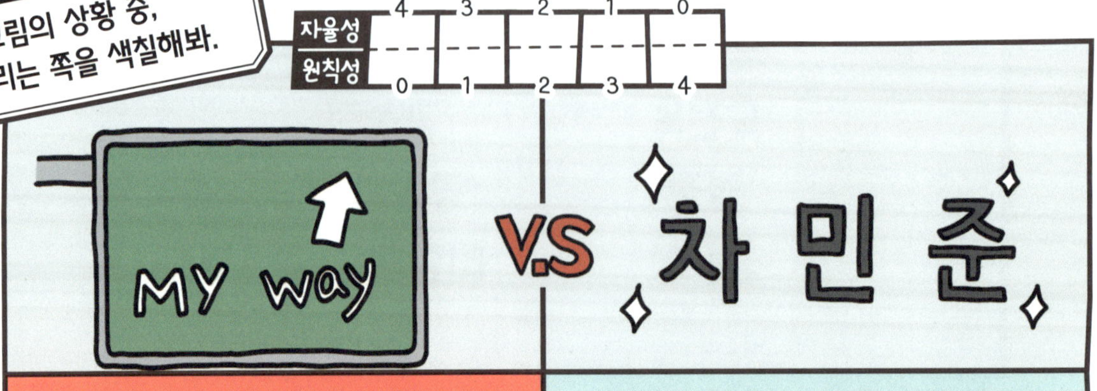

자율성 4 3 2 1 0
원칙성 0 1 2 3 4

MY way V.S 차민준

그래도 나는 내 방식대로 쓸래!

법칙을 지켜서 반듯하게 쓸래!

 잃어버린 숙제 노트! 나의 선택은?

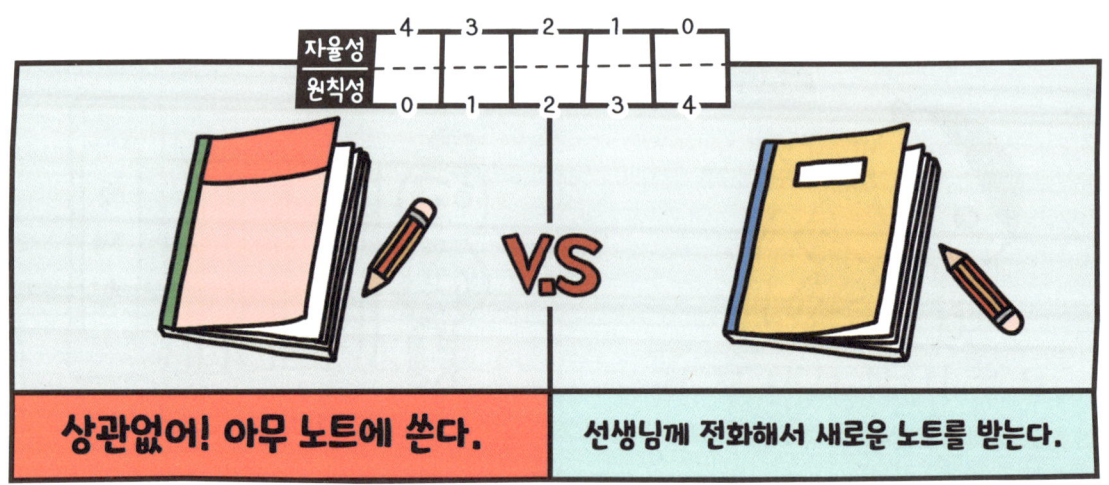

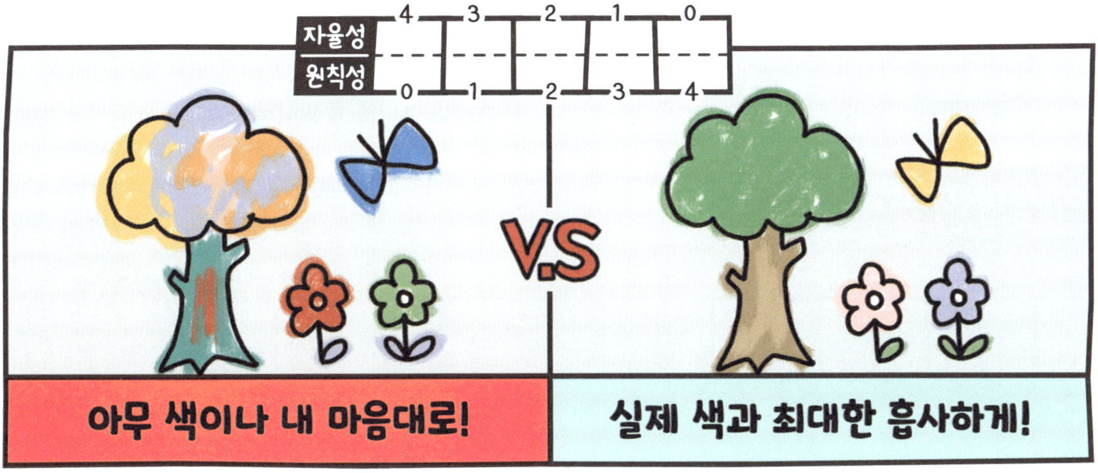

자율성이란 무엇일까?

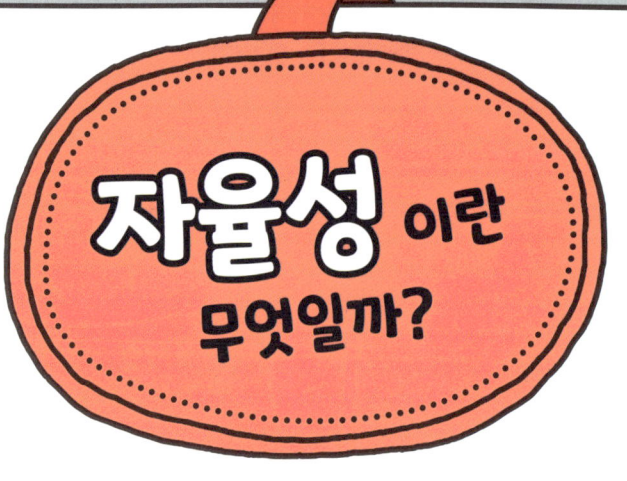

혹시 자율 주행 자동차라고 들어봤어? 운전대를 잡지 않아도 알아서 척척 운전하는 자동차를 말하지. 자율성도 마찬가지인데, 내 생각대로 척척 행동하는 성향인 셈이지. 그래서 자율성이 강한 사람은 다른 사람들이 정한 규칙에 따르고 싶어 하지 않아.

자율성의 장점

기존의 규칙이나 상식을 신경 쓰지 않기 때문에 고정관념을 깨는 과감한 발상을 해내. 특히 창의력이 필요한 일에서 큰 도움이 되는 성향이야. 창의력은 새로운 일을 생각해 내는 힘이기 때문에, 남들이랑 비슷하게 생각해서는 얻을 수가 없거든.

자율성의 단점

규칙을 무시하고 반칙을 하거나, 질서를 어지럽혀 사람들을 실망하게 하기도 해. 세상에는 다른 사람들에게 피해를 주지 않기 위해 만든 규칙들이 많아. 그러니 그 규칙을 지키지 않았을 때 어떤 일이 벌어질지 생각해 보고, 필요하다면 힘들어도 지키도록 노력해야 해.

나의 성향은 무엇일까?

자율성

| 0 | 1 | 2 | 3 | 4 | 5 | 6 | 7 | 8 | 9 | 10 | 11 | 12 | 13 | 14 | 15 | 16 |

원칙성이란 무엇일까?

세상에는 규칙이 정말 많아. 파란 불일 때 건너기, 줄 서기 같은 것들이지. 원칙성은 정해진 규칙이나 질서에 잘 따르는 성향을 말해. 그런데 이런 작은 규칙들이 별것 아닌 것 같아도 우리를 안전하게 지켜준단 말이지. 그래서 원칙성이 강한 사람은 정해져 있는 것, 안전한 것에 편안함을 느끼는 사람들이기도 해.

원칙성의 장점

규칙을 엄격하게 지키기 때문에 믿음직스러워. 친구와 시간 약속을 하면 지켜야 하듯이, 우리가 사는 사회는 '규칙'으로 이루어져 있기 때문에 큰 장점이야. 어른들이 말하는 '착한 아이'는 보통 원칙성이 강한 아이를 가리키는 경우가 많아.

원칙성의 단점

융통성이 없어서 주변 사람들이 볼 때는 고지식해 보일 수도 있어. 특히 목숨이 위험한 비상사태가 일어났을 때는 규칙도 별로 소용없을 때가 많지. 원칙대로 해봤자 별로 나을 게 없거나, 나중에 충분히 바로잡을 수 있다면 너무 깐깐하게 굴지 않도록 하자.

나의 성향은 무엇일까?

원칙성

| 0 | 1 | 2 | 3 | 4 | 5 | 6 | 7 | 8 | 9 | 10 | 11 | 12 | 13 | 14 | 15 | 16 |

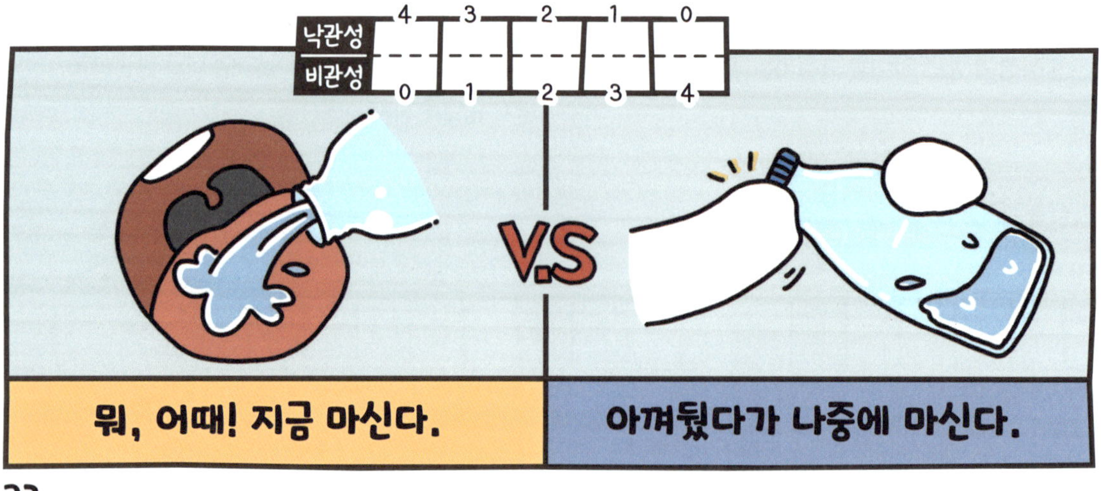

# 몰려드는 먹구름! 나의 선택은?

다가오는 약속 시각! 나의 선택은?

Q4. 아이스크림 당첨 행사! 나의 생각은?

며칠 전, 편의점에서 아이스크림을 샀는데…

하나 더 이벤트에 당첨되었다!

하나 더!

우오옷?!

아이스크림은 정말 맛있었다!

맛은 있는데 은근 비싸단 말이지.

그런데 다음 날 와봤더니 아직 행사 중이었다!

오늘은 원래 다른 거 먹으려고 했는데…

낙관성	4	3	2	1	0
비관성	0	1	2	3	4

V.S

젤리 살게요.

또 당첨될 거야! | 또 당첨될 리가 없지~

낙관성이란 무엇일까?

미래를 알 수 있다면 얼마나 좋을까? 하지만 그럴 수 없으니까 사람들은 미래에 일어날 일을 예측하곤 해. 그리고 낙관성은 앞으로 좋은 일이 일어날 것으로 예측하는 성향이야. 물론 실제로 어떻게 될지는 알 수 없지. 하지만 네가 좋은 일이 일어날 만한 이유를 정확하게 찾아냈다면, 그건 예측이 아니라 현실이 될 거야.

낙관성의 장점

남들이 어렵다고 생각해서 하지 않는 일에서도 긍정적인 가능성을 찾아내. 그래서 뜻밖의 성공을 이루기도 하지. 낙관성이 강한 사람은 주변 사람들에게 긍정적인 에너지를 나눠주기도 해. 긍정적인 에너지를 가진 사람들이 모이면 놀라운 일을 해낼 수 있지.

낙관성의 단점

미래를 너무 좋게만 본 나머지 열심히 노력하지 않기도 해. 이렇게 어떤 일을 쉽고 편안하게만 생각하는 것을 안일하다고 하는데, 그야말로 대책 없는 모습이지. 지나치게 운에만 기대다가 큰코다치지 않도록 조심하자.

나의 성향은 무엇일까?

| 0 | 1 | 2 | 3 | 4 | 5 | 6 | 7 | 8 | 9 | 10 | 11 | 12 | 13 | 14 | 15 | 16 |

낙관성
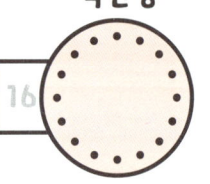

비관성이란 무엇일까?

연극 중에 '비극'이라는 것이 있어. 주인공들이 불행한 일을 당하는 이야기를 다루기 때문에 슬플 비(悲)자를 서서 비극이라고 부르지. 비관성도 마찬가지인데, 앞으로 나쁜 일이 일어날 것으로 예측하는 성향이야. 만약 내가 나쁜 일이 일어날 만한 이유를 정확하게 찾아냈다면, 다가올 위험으로부터 나와 친구들을 보호할 수 있겠지.

비관성의 장점

비관성을 좋지 않은 성향이라고 생각하기 쉽지만 절대 그렇지 않아. 비관성이 강한 사람은 항상 안 좋은 일을 걱정하고 미리 대비하거든. 이를테면 길가에 굴러다니는 돌을 보고, 걸려 넘어질지도 모른다고 생각해서 미리 치워버리는 거야. 그리고 그런 내 행동 덕분에 주변 사람들이 위기를 무사히 넘기기도 해.

비관성의 단점

어차피 안 될 것이라며 시도조차 하지 않아 좋은 기회를 놓칠 때가 많아. 남들이 보면 부정적이라고 생각하겠지? 알고 보면 별일도 아닌데 나만 어렵게 생각했을 수도 있어. 행운은 용기 있는 자에게 온다고 하니까 너무 겁먹지 말자.

나의 성향은 무엇일까?

0	1	2	3	4	5	6	7	8	9	10	11	12	13	14	15	16

비관성

떠드는 아이들! 나의 반응은?

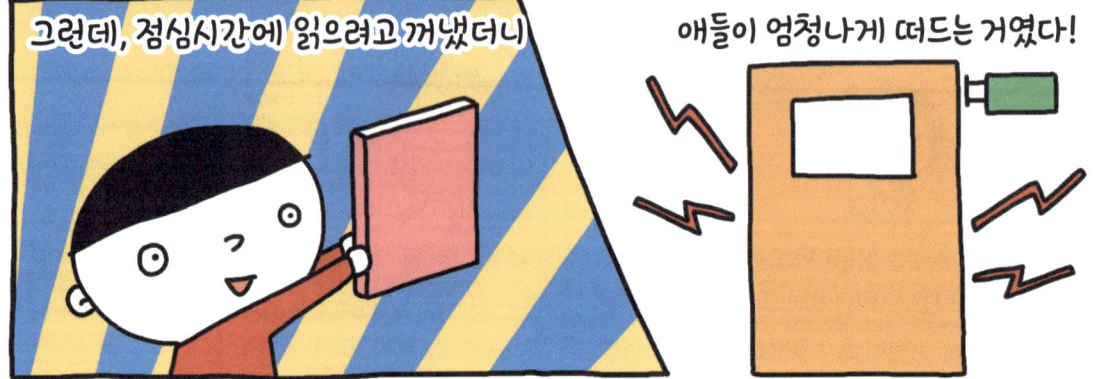

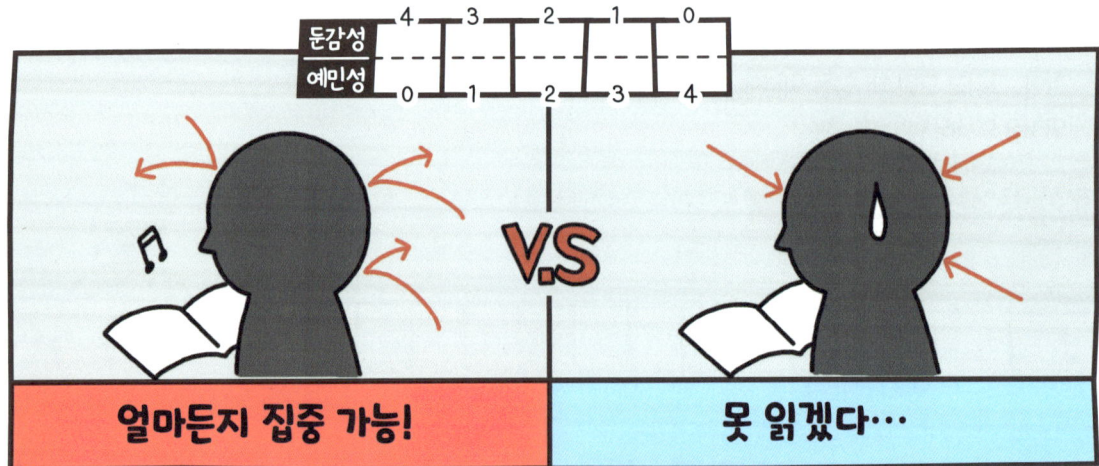

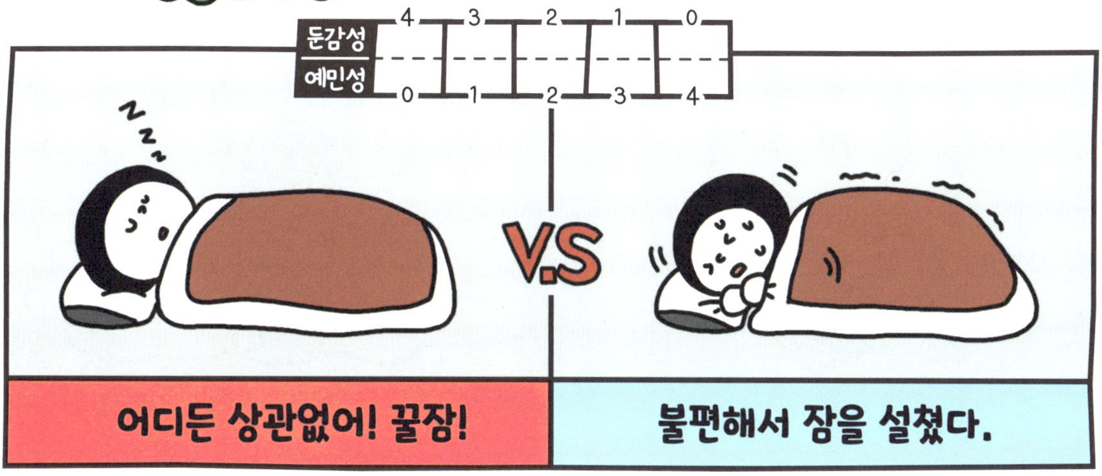

모기가 나타났다! 나의 선택은?

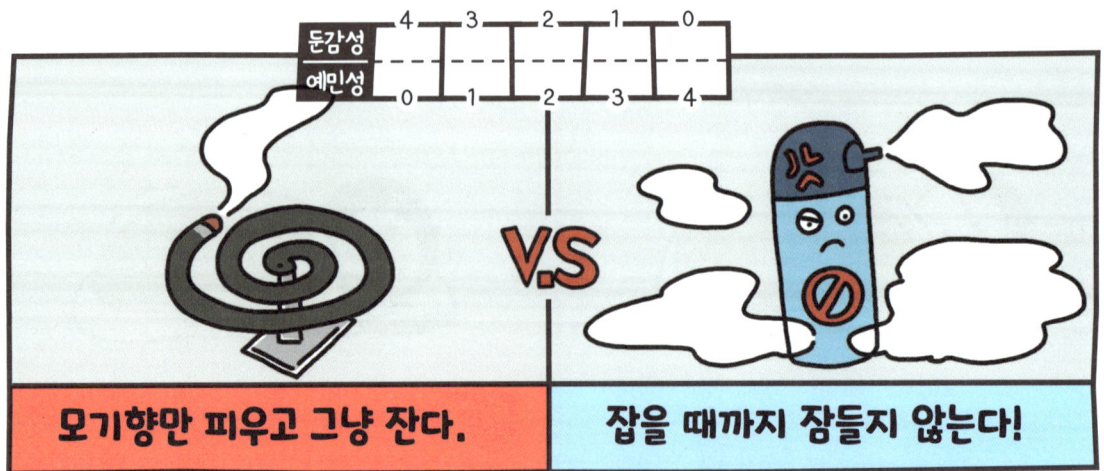

 핼러윈 데이 준비 중! 나의 선택은?

둔감성이란 무엇일까?

추운 겨울에는 장갑을 끼지? 그런데 장갑을 끼면 손의 감각이 둔해져서 주머니 속에 뭐가 들었는지 알기 힘들어. 둔감한 성향은 바로 이 장갑과도 같은 거야. 주변에서 날 자극해도 잘 알아차리지 못하거든. 별로 안 좋은 성격 같다고? 하지만 생각해 봐. 장갑은 사실 손을 따뜻하게 보호하려고 낀 거잖아? 둔감성도 마찬가지로 내 마음을 보호해줄 수 있는 성격이야.

둔감성의 장점

새로운 환경을 맞닥뜨렸을 때나, 친구들이 날 자극하는 말이나 행동을 했을 때 스트레스를 별로 받지 않아. 어지간한 일이 아니고서야 신경 쓰지 않는 성향이기 때문이지. 스트레스는 몸과 마음을 아프게 하잖아? 그래서 둔감한 성향은 예민한 성향보다 건강에 훨씬 좋다고 해.

둔감성의 단점

분위기 파악을 잘 못해서 눈치가 없다는 소리를 자주 들어. 인간관계에서는 눈치가 아주 중요하거든. 저 사람의 기분이 어떤지, 지금 주변 분위기가 어떤지 신경 쓰지 않고 행동하면 원치 않게 친구와 싸울 수도 있어. 그런 경험이 있다면 조금씩 주변 분위기를 살피는 연습을 해 보자.

나의 성향은 무엇일까?

둔감성

| 0 | 1 | 2 | 3 | 4 | 5 | 6 | 7 | 8 | 9 | 10 | 11 | 12 | 13 | 14 | 15 | 16 |

예민성 이란 무엇일까?

피부가 민감하면 거친 물건이 조금만 닿아도 살갗이 아프고, 두드러기가 일어나기도 해. 성향 또한 마찬가지지. 예민성이 강하면 주변 사람들의 행동을 많이 신경 쓰게 돼. 그러다 보니 남들은 모르고 지나치는 것을 혼자 알아채기도 하지.

예민성의 장점

눈치가 빨라서 주변 상황이 어떻게 돌아가는지 금세 알아채. 그래서 다른 사람들이 어떤 생각을 하는지도 예리하게 잘 맞히는 편이야. 그리고 가끔은 남들이 말하기도 전에 미리 행동해서 주변을 놀라게 하기도 해. 이런 능력은 친구들과 원만한 관계를 유지하는 데 도움을 줘.

예민성의 단점

새로운 환경을 맞닥뜨렸을 때나, 친구들이 날 자극하는 말과 행동을 했을 때 스트레스를 많이 받아. 그리고 너무 예민하다 보니 남들의 행동을 오해할 때도 있어. 그래서 '쟤가 갑자기 왜 저러지?' 싶을 정도로 느닷없이 화를 내기도 해. 아무도 잘못하지 않았는데 오해 때문에 사이가 나빠진다면 정말 슬프겠지? 평소 친구들과 대화를 많이 나누는 게 도움이 될 거야.

나의 성향은 무엇일까?

예민성

| 0 | 1 | 2 | 3 | 4 | 5 | 6 | 7 | 8 | 9 | 10 | 11 | 12 | 13 | 14 | 15 | 16 |

# 벨을 잘못 눌렀다! 나의 선택은?

오늘은 도서관에서 공부할 거야.

버스를 타고 가기로 했지.

삐빅
학생입니다~

버스 안에서 음악을 듣던 나는, 뒤늦게 도서관 글자를 보고 마음이 급해졌어.

이번 정류장은 천재공원...
다음 정류장은 천재도서관...

삐~
STOP

헉! 아직 한 정거장 전이었잖아?!

| 대담성 | 4 | 3 | 2 | 1 | 0 |
| 소심성 | 0 | 1 | 2 | 3 | 4 |

잘못 눌렀어요!

VS

큰 소리로 말씀드린다! | **그냥 내려서 10분 더 걷는다.**

Q2. 불쌍한 강아지 발견! 나의 선택은?

길을 걷고 있는데 어디서 끙끙대는 소리가 들렸다.

캥캥!

그곳에는 벌벌 떠는 강아지가 있었다.

끼웅~

무서운 아저씨가 강아지를 괴롭히고 있었다!

뭘 봐!

아저씨는 날 보고 소리쳤다.

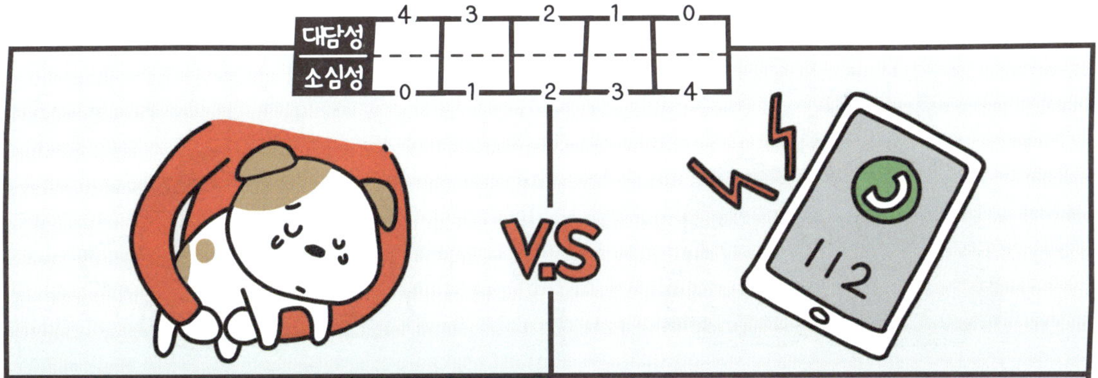

대담성	4	3	2	1	0
소심성	0	1	2	3	4

강아지를 안고 도망친다. V.S 멀어진 뒤 몰래 신고한다.

 내가 노래할 차례! 나의 태도는?

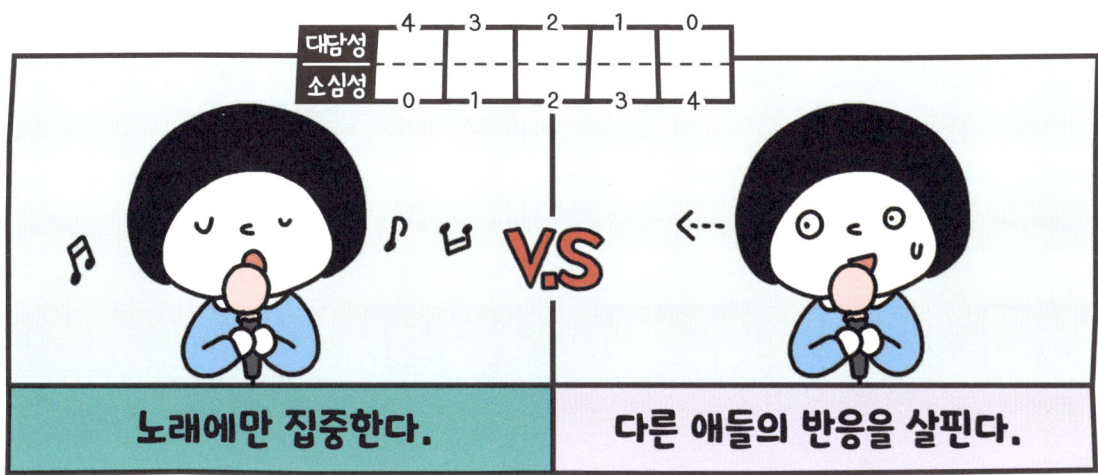

대담성이란 무엇일까?

대담하다는 건 담, 그러니까 쓸개가 크다는 말이야. 간이랑 쓸개는 비슷한 의미로 쓰이거든. 그래서 대담하다는 말은 '간도 크다.', '강심장이다.' 같은 말이랑 비슷하게 쓰이지. 대담한 성격은 어떤 일을 할 때 담력이 세고 용감한 모습을 보여주곤 해.

대담성의 장점

살다 보면 용기가 필요한 일들이 있는데, 대담한 사람들은 이런 일에 겁먹지 않고 화끈하게 뛰어들지. 그럴 때 멋진 모습을 보여준다면 당연히 인기도 많겠지? 용기가 필요한 일에는 그만큼 큰 보상이 따르니까 말이야.

대담성의 단점

위험한 일에 남들보다 먼저 뛰어든다는 것이 문제야. 그냥 부끄럽고 말 일이라면 괜찮지만, 때때로 크게 다칠 수도 있어. 자기 주제를 모르고 용기만 내세우는 것을 만용이라고 해. 만용을 부리지 않으려면 내가 충분한 실력과 조건이 되는지 생각할 필요가 있지.

나의 성향은 무엇일까?

대담성

0	1	2	3	4	5	6	7	8	9	10	11	12	13	14	15	16

소심성이란 무엇일까?

소심하다는 건 말 그대로 마음이 작다는 말인데, 속이 좁다는 뜻이 아니라 대담하지 못하다는 뜻이니까 오해하면 안 돼. 어떤 일을 할 때 용기가 없고 조심성이 지나치게 많은 성향이지. 과거나 지금이나 좋지 않은 성향으로 생각되곤 하지만, 사실 알고 보면 숨은 장점이 많아.

소심성의 장점

소심한 사람은 내가 감당할 수 있을 것 같은 일만 벌이기 때문에, 스스로 선택한 일이라면 웬만해서는 실패하지 않아. 당연히 위험해 보이는 일에는 나서지 않기 때문에 늘 안전하게 살아가지. 그리고 항상 조심하며 살기 때문에 남들에게 폐를 끼치는 일도 거의 없어.

소심성의 단점

소심한 사람은 남들에게 싫은 소리 한마디 못하고 손해만 보면서 살 수도 있어. 그래서 남들이 잔뜩 떠맡긴 일을 낑낑대며 혼자 하기도 해. 사람들은 그런 사람한테 착하다고들 하지만, 내가 원해서 하는 게 아니라면 그건 착한 게 아니라 소심한 거야. 소심한 사람에게는 여러 가지 용기 중에서도 특히 거절할 줄 아는 용기가 필요해.

나의 성향은 무엇일까?

소심성

| 0 | 1 | 2 | 3 | 4 | 5 | 6 | 7 | 8 | 9 | 10 | 11 | 12 | 13 | 14 | 15 | 16 |

 불티나게 팔리는 옷! 나의 선택은?

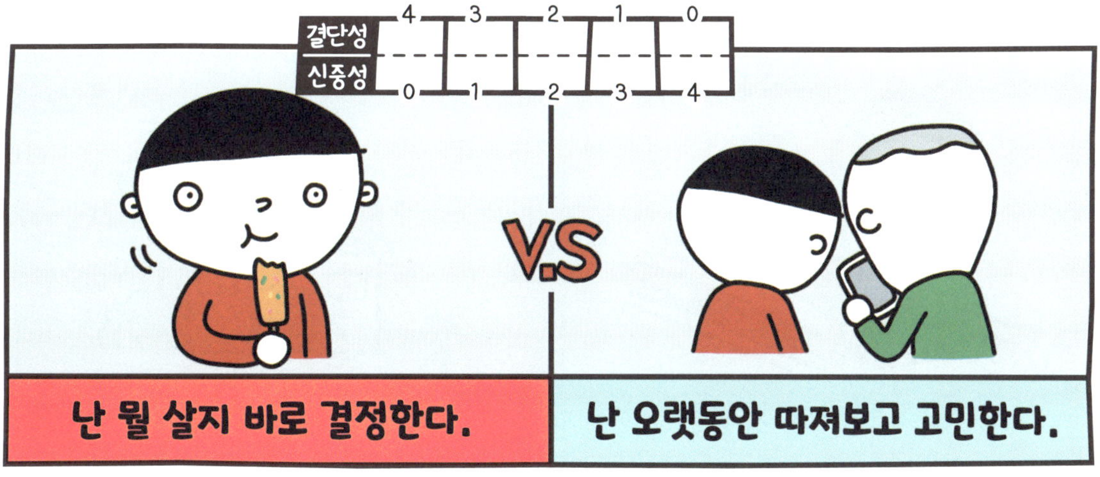

갑작스러운 제안! 나의 선택은?

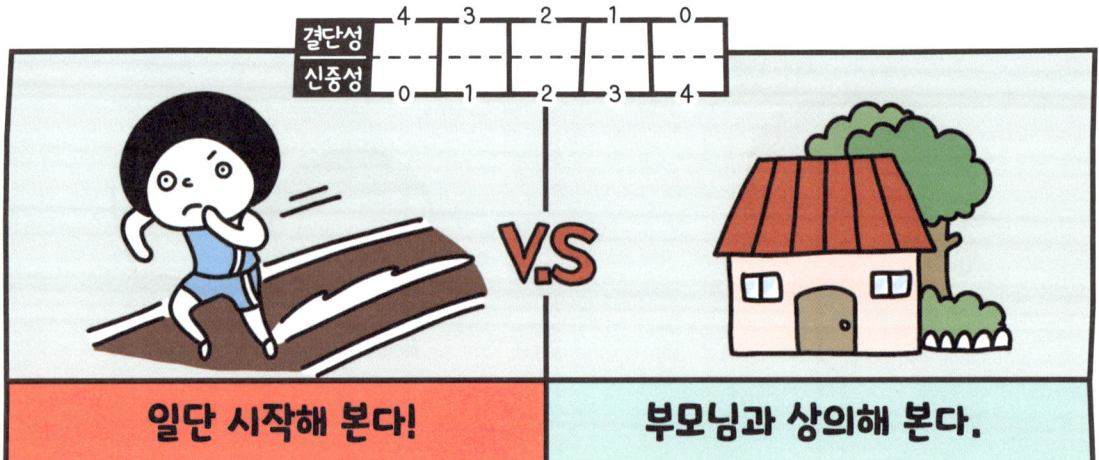

Q4. 너무 쉬운 문제! 나의 선택은?

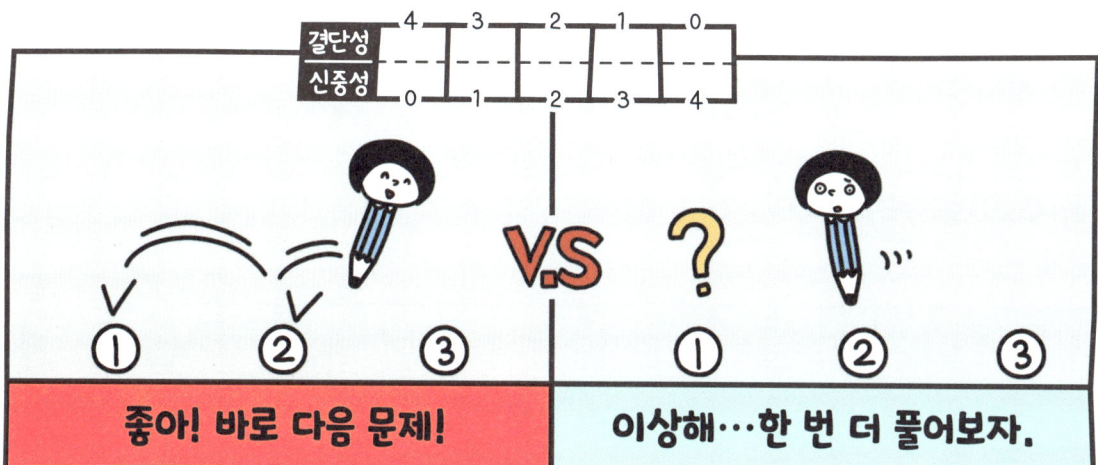

결단성이란 무엇일까?

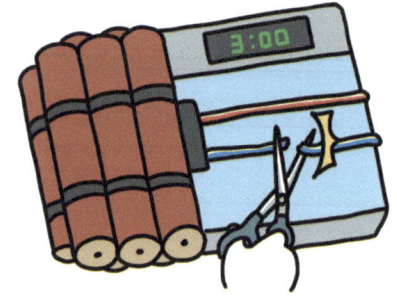

영화를 보면, 주인공이 폭탄을 해체하기 위해 어느 선을 자를지 고민하는 긴장감 넘치는 순간이 있지. 결단성은 이런 식으로 급하게 어떤 일을 결정해야 할 때, 우유부단하지 않고 과감하게 결단을 내릴 수 있는 성향을 말해. 살다 보면 수많은 결정을 내리게 되는데, 항상 고민할 시간이 넉넉하지는 않거든.

결단성의 장점

마치 축구 구단의 감독처럼, 무언가를 결정하는 자리에 있는 사람들에게 꼭 필요한 역량이야. 감독이 우유부단해서 결정을 내리지 못하면 선수들도 함께 갈팡질팡 흔들리게 되거든. 뭐든 오래 끌어서 좋은 일은 없는데, 그런 점에서 결단성이 있는 사람은 리더에 알맞지.

결단성의 단점

너무 급하게 결정을 내리다 보면 충분히 고민하지 못할 수도 있어. 하지만 그걸 깨달았을 때는 이미 너무 늦었을 거야. 그러니 정말 크고 중요한 일을 결정할 때는 조심해. 그럴 때는 내가 놓친 부분이 없는지 더 신중하게 고민해보거나, 주변 사람들의 조언을 잘 듣고 결정을 내려야 해.

나의 성향은 무엇일까?

결단성

| 0 | 1 | 2 | 3 | 4 | 5 | 6 | 7 | 8 | 9 | 10 | 11 | 12 | 13 | 14 | 15 | 16 |

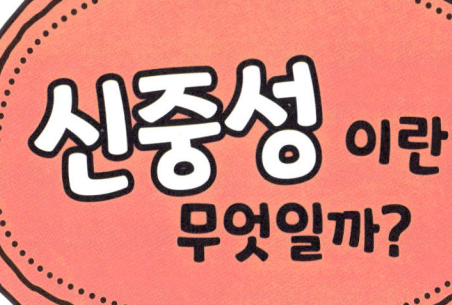

신중성이란 무엇일까?

같이 편의점에 가면 혼자 30분 넘게 고민하는 친구 있지? 그런 친구들을 보고 신중하다고 말해. 신중성은 어떤 일을 결정할 때, 충분히 고민하고 따져보는 성향이야. 결정을 내리기 전에 모든 것을 확인해야만 직성이 풀리지. 이른바 '돌다리도 두들겨 보고 건너는 성향'이 바로 신중성이라고 할 수 있어.

신중성의 장점

신중성이 강한 사람들은 작은 일 하나를 결정할 때도 오랫동안 고민하고 또 고민한 뒤 결정해. 그러다 보니 결정할 때 놓치는 부분이 거의 없지. 그리고 이 장점은 사실 돈을 아낄 수 있는 습관이기도 해. 마구 충동구매를 하지 않고 정말 살 만한 물건인지 고민하니까 말이야.

신중성의 단점

결정하는 데까지 시간이 너무 오래 걸린다는 것이 문제야. 아무리 중요한 일이라도 결정해야 할 시간이 지나버리면 소용이 없어. 그건 결정을 내리지 않은 것과 마찬가지거든. 만약 중요한 결정이라면 언제까지 결정하겠다는 기한을 정해두고, 그 전에 결정하는 습관을 들이는 것이 좋아. 만약 중요한 결정이 아니라면? 대충 골라!

나의 성향은 무엇일까?

신중성

| 0 | 1 | 2 | 3 | 4 | 5 | 6 | 7 | 8 | 9 | 10 | 11 | 12 | 13 | 14 | 15 | 16 |

일찍 일어난 아침! 나의 선택은?

일요일에 모처럼 일찍 일어났다.

난 어제 일을 떠올렸다.

어제는 재밌었지~

후아암~

친구들이랑 놀이터에서 신나게 놀았어.

딱지치기해서 딱지도 엄청나게 땄지!

맞다. 오늘은 뭐하지?

0월 0일 맑음

나는 슈퍼딱지왕!

어제 쓴 일기를 보면서 생각했다.

외향성	4	3	2	1	0
내향성	0	1	2	3	4

VS

친구들과 더 신나게 논다! | 혼자 쉬는 시간도 필요해.

3일 동안 쉰다! 나의 선택은?

외향성이란 무엇일까?

혼자 놀기보다 친구들과 놀기를 좋아하고, 집 안에서 놀기보다 바깥에서 놀기를 좋아한다면? 그게 바로 외향성이지. 외향성은 나보다 다른 사람에게 관심을 가지는 성향이야. 사실 외향성에서 나오는 이 관심은 다른 사람뿐만 아니라 집 바깥의 세계로도 뻗어 나가는데, 그래서 바깥 활동을 더 좋아하는 편이야. 바깥 외(外)라는 글자가 참 잘 어울리는 성격이지.

외향성의 장점

다른 사람에게 관심이 많기 때문에 사람들에게 먼저 다가가고, 아주 쉽게 친구를 만들어. 다른 사람들과 지낼 때 편안함을 느끼고, 에너지가 샘솟기 때문에 친구가 많을 수밖에 없는 성향이지. 그리고 많은 사람과 함께 지내며 다양한 의견을 마주하기 때문에 내향적인 사람보다 객관적으로 생각하는 편이야.

외향성의 단점

친구들 없이는 못 살기 때문에 내향적인 사람보다 오히려 외로움을 많이 타. 그리고 너무 다른 사람들만 바라보면서 살기 때문에 정작 나에 관해 관심을 가질 기회가 없을 수도 있어. 그래서 혼자서 하는 것들에는 서툰 편이지. 때로는 혼자 느긋하게 시간을 보내며 나 자신을 돌아보는 기회도 필요해.

나의 성향은 무엇일까?

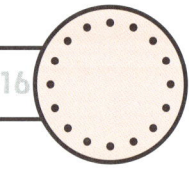
외향성

| 0 | 1 | 2 | 3 | 4 | 5 | 6 | 7 | 8 | 9 | 10 | 11 | 12 | 13 | 14 | 15 | 16 |

내향성이란 무엇일까?

여럿이서 놀기보다 혼자 놀기를 좋아하고, 바깥에서 놀기보다 집 안에서 놀기를 더 좋아한다면? 그게 바로 내향성이지. 내향성은 다른 사람보다 나 자신에게 관심을 가지는 성향이야. 내향성의 안 내(內)가 가리키는 건 바로 '나의 안쪽'을 뜻하거든. 그래서인지 내향성에서 나오는 이 관심은 주로 혼자서 파고들 수 있는 활동들에 집중되어 있어.

내향성의 장점

지치지도 않고 자기계발을 할 수 있어. 특히 혼자서 할 수 있는 일에 대해서는 무한한 집중력과 관심을 보여주지. 그래서 뛰어난 연구 결과를 남긴 위인들은 내향성이 강한 사람이 많았다고 해. 그리고 내향적인 사람들은 혼자서 고민하다 보니 주관적으로 생각하는 버릇이 있어서 예술 분야에서 더 유리한 편이지.

내향성의 단점

남들에게 관심이 별로 없는 만큼 먼저 다가가지 않아서 친구가 별로 없어. 다른 사람과의 교류가 너무 적으면 내 생각이 정답인 줄로만 알고 살 수도 있지. 주관적으로만 생각하다 보면 남들의 생각을 깨닫지 못하기 쉽거든. 다른 사람들은 어떻게 생각하고 행동하는지 알기 위해서 적당한 교류는 꼭 필요해.

나의 성향은 무엇일까?

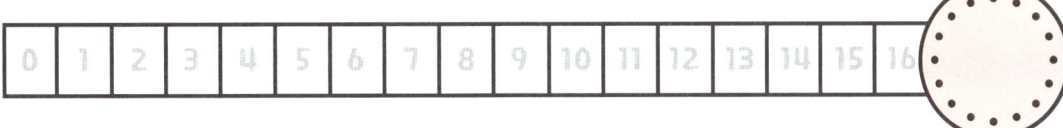

내향성

 라이벌에 대하여! 나의 생각은?

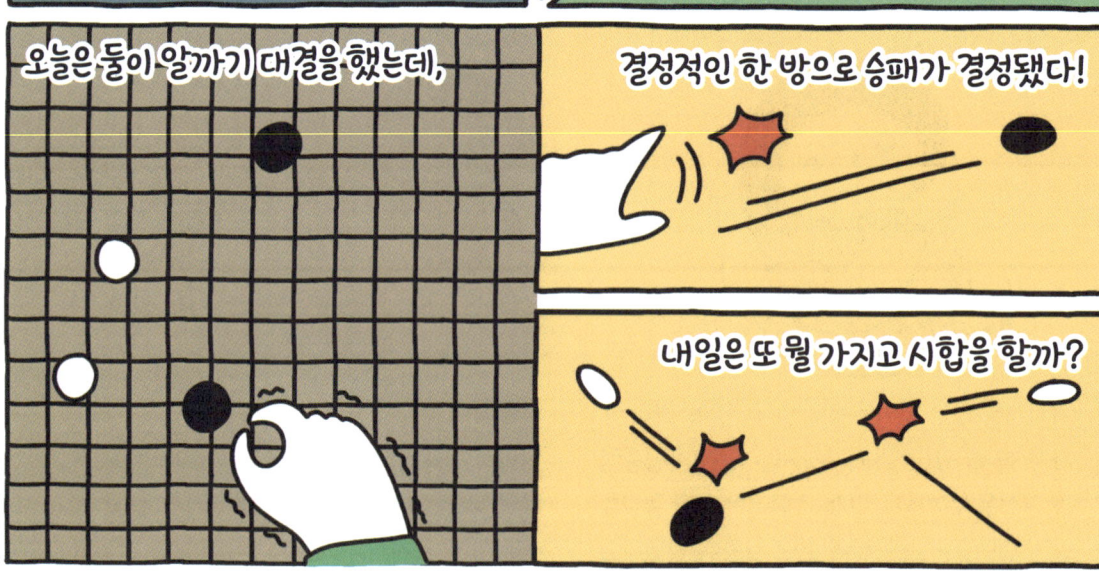

Q2. 불꽃 튀는 팽이 대결! 나의 태도는?

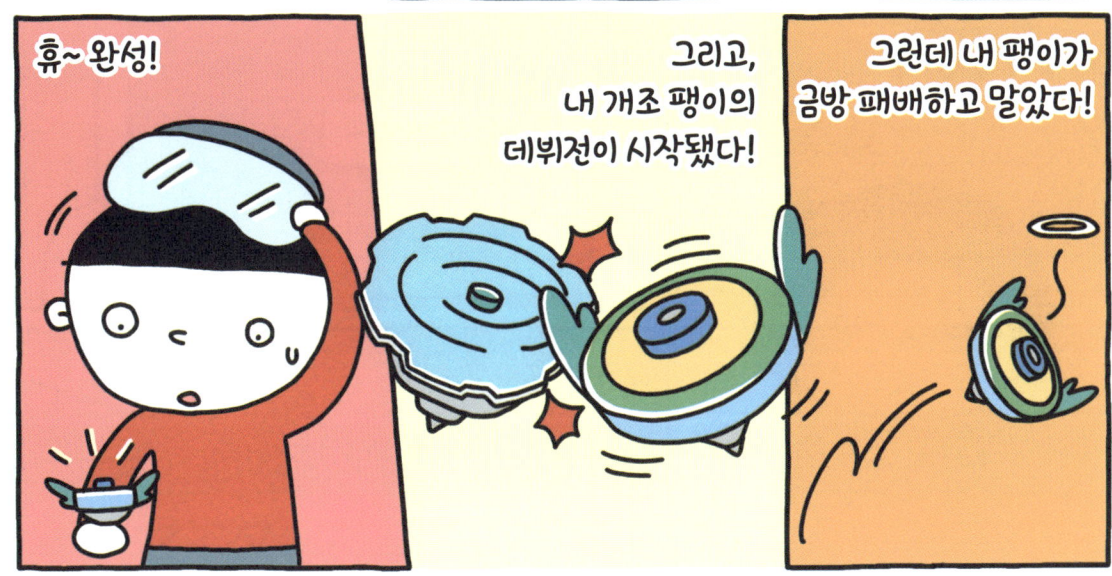

시간이 별로 없어! 나의 선택은?

친구들과 술래잡기를 했다.

내가 술래를 맡아 아이들을 찾는 중이다.

의자 밑에 한 명!

그런데 남은 한 명을 찾을 수가 없었다…

수돗가에 한 명!

시계를 보니 이제 들어가야 하는 시간인데…

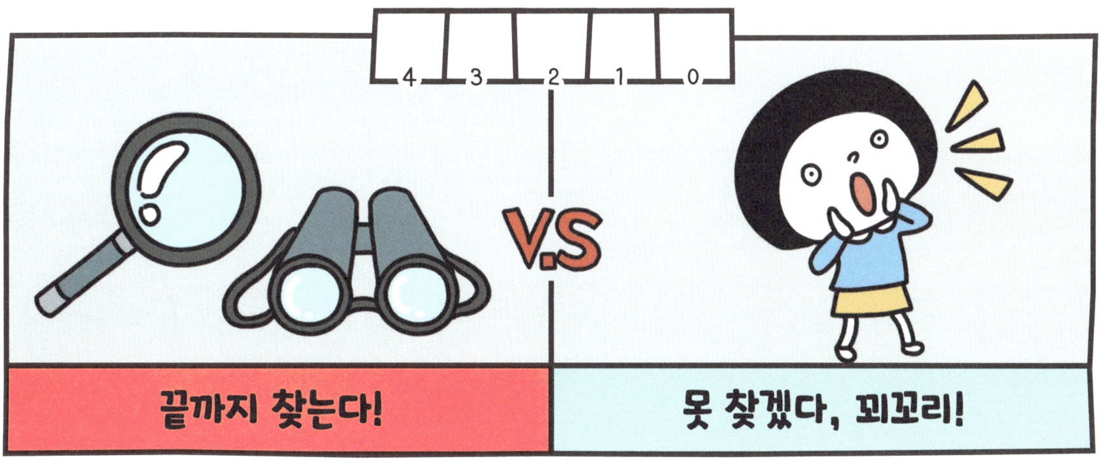

끝까지 찾는다! V.S 못 찾겠다, 꾀꼬리!

승부욕이란 무엇일까?

스포츠 경기를 하면 반드시 이긴 팀과 진 팀이 생기지. 그런 식으로 결과가 갈리는 것을 승부라고 해. 승부욕이 강한 사람은 상대와 경쟁해서 이기는 것을 좋아해. 그래서 순위를 매길 수 있는 일에 관심이 많고, 승부가 나는 일을 할 때는 더 의욕이 넘치지.

승부욕의 장점

승부욕이 강한 사람은 남에게 뒤처지는 것을 아주 싫어해. 공부나 스포츠는 등수를 매기게 되어 있고, 그래서 승부욕이 강한 사람은 그만큼 더 열심히 노력하게 되지. 내가 일등이든 꼴등이든 신경도 쓰지 않는다면 모든 일이 재미없게 느껴질 수도 있잖아?

승부욕의 단점

승부욕이 강한 사람은 패배자한테 지나치게 모질게 굴기도 해. 세상이 승자와 패자, 둘로 나뉜다는 잘못된 생각을 하기 쉽거든. 진 사람을 조롱해서도 안 되지만, 내가 졌다고 해서 너무 자책하는 것도 좋지 않아. 누구나 패배할 수 있으니까, 패배 자체를 별것 아닌 것처럼 넘길 수 있는 사고방식을 갖자.

나의 성향은 무엇일까?

승부욕

0	1	2	3	4	5	6	7	8	9	10	11	12	13	14	15	16

Q1. 외국에서 온 동생 친구! 나의 반응은?

치마를 입은 남자아이! 나의 반응은?

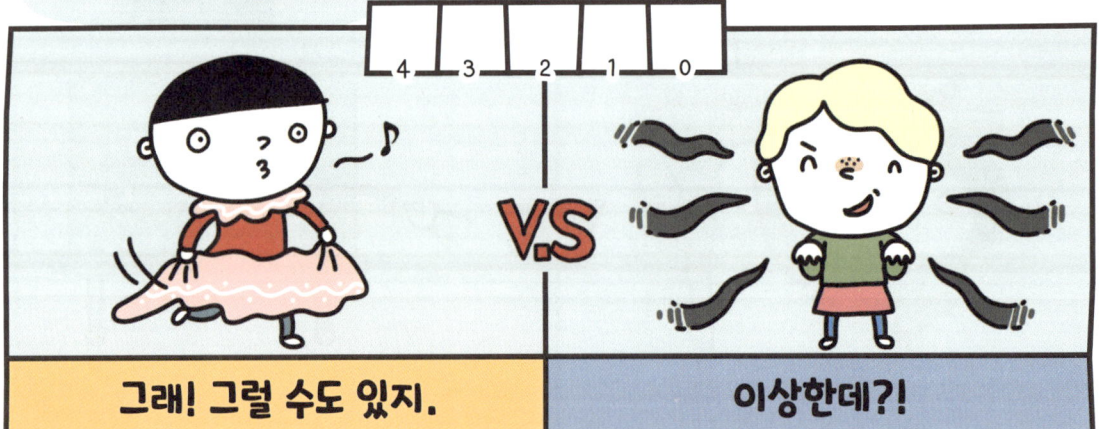

관심 없었던 음악! 나의 반응은?

개방성이란 무엇일까?

마음을 열라는 말 들어봤어? 마음은 문이 아닌데 뭔 소리지 싶었을 거야. 그 말은 사실 개방적으로 생각하라는 뜻이지. 개방성은 내가 모르는 것을 처음 접했을 때 거부감 없이 받아들일 수 있는 성향이야. 개방성이 강한 사람은 외국에서 들어온 문화나 처음 보는 신기술을 거리낌 없이 받아들이지. 태도나 생각이 열려있다고 해서 개방성이라고 불러.

개방성의 장점

개방성이 높은 사람은 다른 사람이 나와 다르게 생각하고 행동한다고 해서 싫어하지 않아. 그 사람들이 살아온 문화를 있는 그대로 받아들이기 때문에 외국에 가서 살아도 어려움 없이 적응할 수 있어.

개방성의 단점

항상 열린 마음으로 살아가기 때문에 주변의 영향을 많이 받는 편이지. 그러다 보니 좋지 않은 것까지 쉽게 받아들이는 것이 문제야. 내 주변에 좋은 사람만 있으면 좋겠지만, 나쁜 사람도 있기 마련이거든. 새로운 것을 받아들이기 전에 혹시 좋지 않은 것은 아닌지 한 번쯤 고민하고 걸러내는 지혜가 필요해.

나의 성향은 무엇일까?

0	1	2	3	4	5	6	7	8	9	10	11	12	13	14	15	16

개방성

궁금함에 대하여! 나의 생각은?

 알 수 없는 이상한 물건! 나의 선택은?

어느 날, 길을 가다가

뭔가 이상한 것을 밟았다.

이, 이게 뭐지?

번쩍거리는 보석 같으면서도

뾰족한 가시가 튀어나와 있었다.

하마터면 찔릴 뻔했네...

4 3 2 1 0

V.S

직접 만져본다.

그냥 지나간다.

마술사의 제안! 나의 선택은?

갑자기 생긴 궁금증! 나의 선택은?

호기심이란 무엇일까?

왜? 어떻게? 무엇을? 같은 질문이 내 마음속에서 자꾸만 생겨날 때, 그 원동력이 바로 호기심이야. 호기심은 새롭고 신기한 것을 좋아하거나, 모르는 것을 알고 싶어 하는 마음이거든. 그리고 호기심이 강할수록 그 질문에 대해 답을 알아내려고 직접 행동하게 되지.

호기심의 장점

호기심이 강한 사람은 궁금한 것이 생기면 알아내야 직성이 풀려. 인류가 불을 발견하고 활용할 수 있게 된 것도 호기심 덕분이지. 호기심 덕분에 인류가 발전했다고 할 정도니까. 물론 호기심은 지금도 중요해. 기술은 끊임없이 발전하기 때문이지. 미래의 과학자가 되고 싶다면 호기심은 필수야.

호기심의 단점

옛날에는 호기심이 너무 강하면 위험한 행동을 해서 목숨을 잃을 수도 있었어. 요즘도 마찬가지야. 전기나 불처럼 편리하면서도 위험한 것들이 우리가 사는 곳 여기저기에 숨어 있거든. 그러니까 어른들이 경고하는 위험한 것에는 아무리 궁금해도 다가가지 않도록 조심해야 해.

나의 성향은 무엇일까?

호기심

0	1	2	3	4	5	6	7	8	9	10	11	12	13	14	15	16

 기네스 세계 기록! 나의 생각은?

기네스 세계 기록!

아일랜드의 양조회사 기네스가

매년 세계의 최고 기록들을 모아 만드는 책이다!

우리나라도 몇 가지 기록이 있는데
기네스 심판관

세계에서 가장 큰 야외 벽화인 인천 사일로 벽화.

앨범을 엄청나게 판매한 방탄소년단 등이 있다.

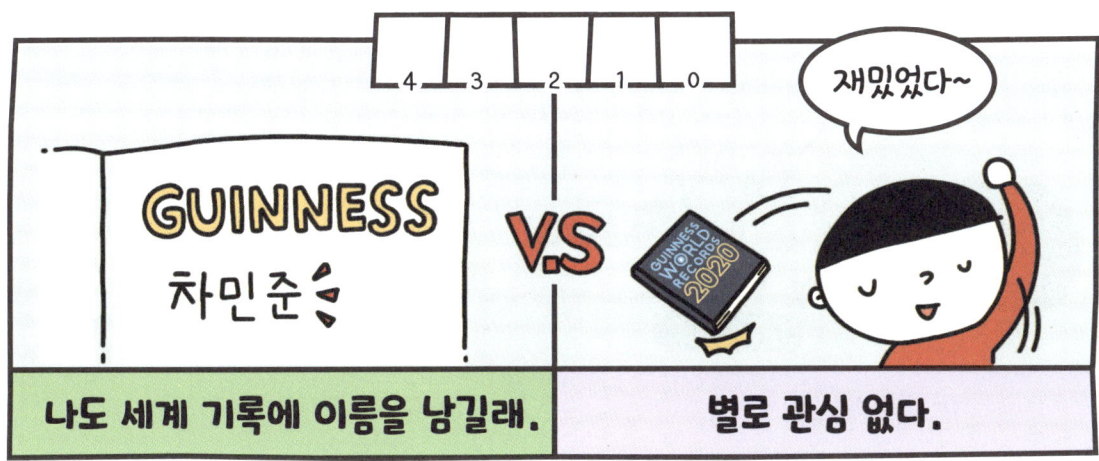
나도 세계 기록에 이름을 남길래. | 별로 관심 없다.

음식점에 신메뉴가 나왔다! 나의 선택은?

늘 가던 음식점.

○○분식

다양한 김밥을 판다.

맛있는 김밥도 많지만

나는 역시 참치김밥을 좋아한다!

그런데 오늘 음식점에 왔더니

웬일로 신메뉴가 나왔네?!

MENU
New ☆ 스페셜 김밥
Best ☆ 참치 김밥

| 4 | 3 | 2 | 1 | 0 |

안 먹어볼 수 없지. | 늘 먹던 김밥을 먹는다.

# 타본 적 없는 스노보드! 나의 선택은?

도전욕이란 무엇일까?

익숙한 일만 하려는 사람이 있는 반면에, 새로운 일에 자꾸 도전하려는 사람이 있어. 도전욕은 그런 사람들이 가진 욕구인데, 어려운 일이나 해본 적 없는 일에 도전하고 싶게 만들지. 도전욕이 있는 사람들은 도전 자체를 즐기기 때문에 어려울수록 오히려 신이 나.

도전욕의 장점

내일은 오늘보다 많은 일을 할 수 있는 사람이 되고 싶어? 그렇다면 도전욕이 꼭 필요하지. 익숙한 일만 하려고 하면 나중에 할 수 있는 일이 많지 않거든. 도전욕이 강한 사람은 나한테 벅차 보이는 일에도 도전을 계속하기 때문에 다양한 일을 익힐 수 있어.

도전욕의 단점

도전욕이 강하면 시간과 돈을 낭비할 수도 있어. 불필요한 일도 한 번씩 해보려고 나서기 때문에 한 가지 일에 대한 집중도가 떨어지거든. 새로운 것을 경험하는 건 좋은 일이지만, 될 수 있으면 내가 관심 있는 것을 중심으로 도전해 나가는 게 좋아.

나의 성향은 무엇일까?

도전욕

| 0 | 1 | 2 | 3 | 4 | 5 | 6 | 7 | 8 | 9 | 10 | 11 | 12 | 13 | 14 | 15 | 16 |

스케이트를 타다가 상처가 났다! 나의 선택은?

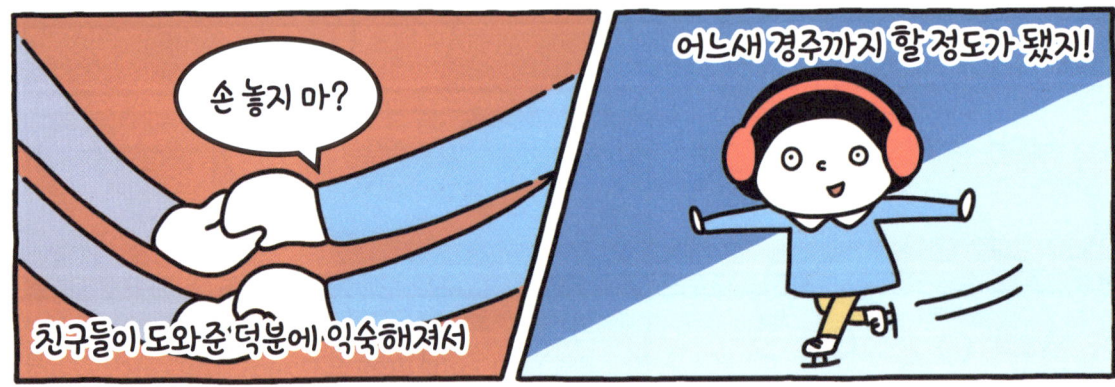

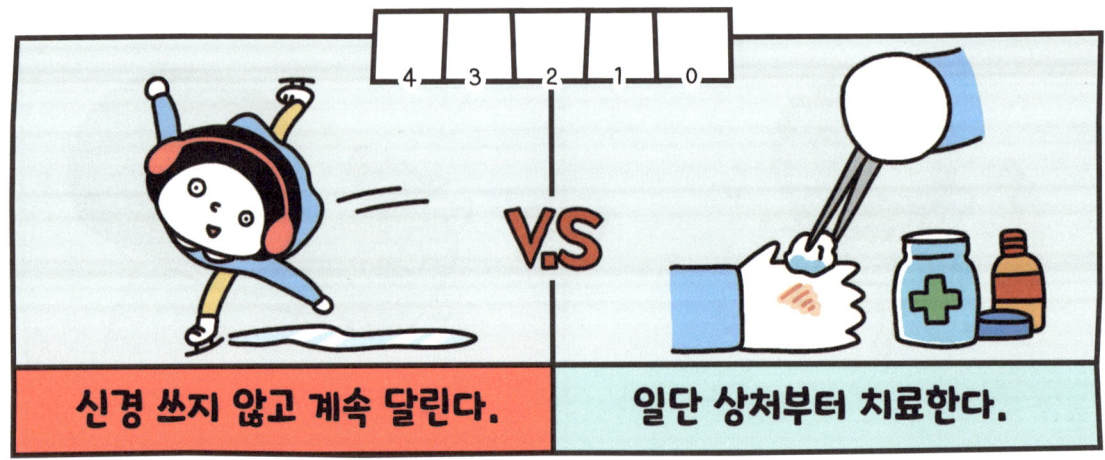

열정이란 무엇일까?

어떤 일이 너무 좋아서 푹 빠져본 적 있어? 세상에 다른 일은 다 상관없고, 오직 그 일만 하고 싶은 기분 말이야. 열정은 이렇게 어떤 일에 애정을 가지고 열중하는 마음을 말해. 열정적인 성향의 사람들은 어떻게 저렇게까지 하지 싶을 만큼 시간과 돈을 아낌없이 쏟아붓기도 해.

열정의 장점

열정은 내가 하는 일에 집중할 수 있는 자세를 만들어 줘. 그래서 열정적인 사람은 매사에 적극적이지. 그리고 어떤 일에 몰두하기 위해 내가 조금 손해를 보더라도 상관하지 않아. 그래서 열정이 있는 사람은 똑같이 출발하더라도 다른 사람들보다 많은 것을 이룰 수 있지.

열정의 단점

열정적인 사람은 남들에게 이용당하기 쉬워. 네가 그 일을 좋아한다는 이유만으로 대가 없이 이것저것 시키더라도 너는 온 힘을 다해 그 일을 해낼 테니까 말이야. 그러니까 열정을 불태우기 전에 나에게 시간이 충분한지, 그리고 내가 얻을 수 있는 것은 무엇인지 고민해볼 필요가 있어.

나의 성향은 무엇일까?

열정

| 0 | 1 | 2 | 3 | 4 | 5 | 6 | 7 | 8 | 9 | 10 | 11 | 12 | 13 | 14 | 15 | 16 |

아직 한참 남은 정상! 나의 선택은?

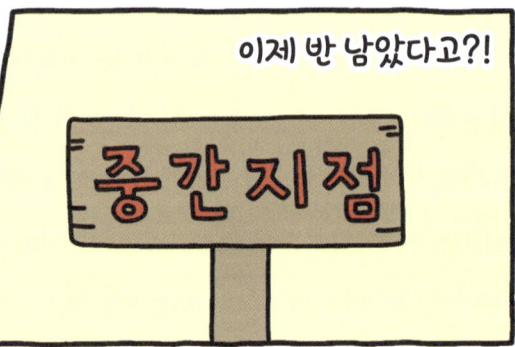

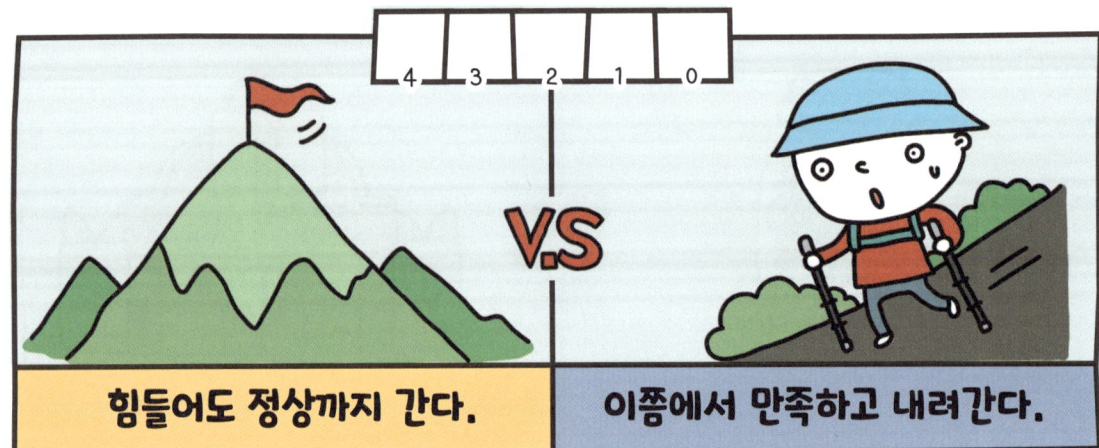

 어려운 문제집! 나의 선택은?

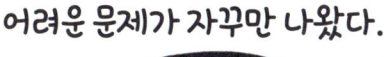

참을성이란 무엇일까?

달리기를 하다 보면 숨이 차고 괴롭지. 그런데 체력이 비슷한데도 어떤 아이들은 꾹 참고 끝까지 달려. 그렇게 할 수 있도록 만들어주는 힘이 바로 참을성이지. 어떤 일을 할 때 어렵고 괴로워도 참고 견디는 마음이라고 할 수 있어. 인내심이라고 부르기도 해.

참을성의 장점

참을성이 강한 사람은 힘들어도 쉽게 그만두지 않아. 그래서 마음이 괴로울 때는 물론이고 몸이 괴로울 때도 잘 버틸 수 있지. 고생 끝에 낙이 온다는 말도 있잖아? 처음에는 힘들어도 버티다 보면 즐겁고 보람찬 일이 많거든. 금방 그만두는 사람은 그런 '낙'을 느낄 수가 없지.

참을성의 단점

우리 몸과 마음에는 보이지 않는 한계가 있어. 그런데 참을성이 지나치게 강하면 그만두어야 할 때도 그만두지 못하고 버티다가 몸과 마음이 크게 상하기도 해. 만약 네 팔 힘이 부족한 상태에서 어른이 드는 역기를 들고 버틴다면 어떻게 되겠어? 그래서 참을성이 강한 사람은 내 능력이 어느 정도고, 얼마나 버틸 수 있는지 잘 알고 있어야 해.

나의 성향은 무엇일까?

참을성

| 0 | 1 | 2 | 3 | 4 | 5 | 6 | 7 | 8 | 9 | 10 | 11 | 12 | 13 | 14 | 15 | 16 |

# 여행 계획에 대하여! 나의 생각은?

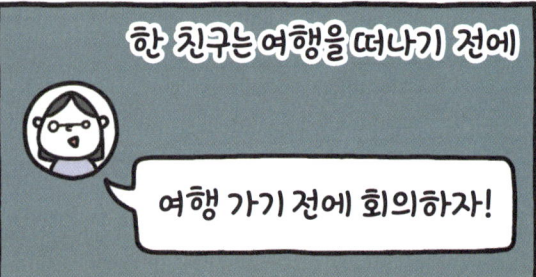

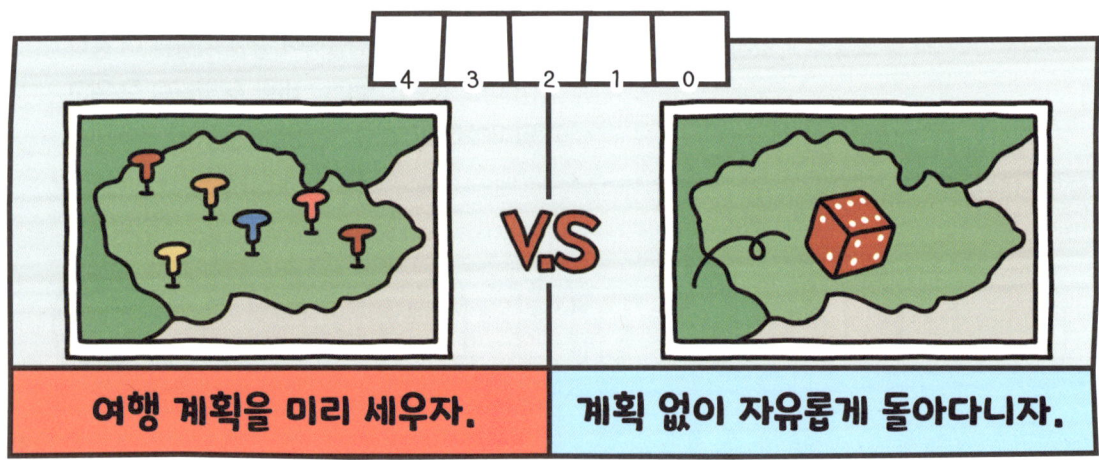

Q2. 갑작스러운 전화! 나의 반응은?

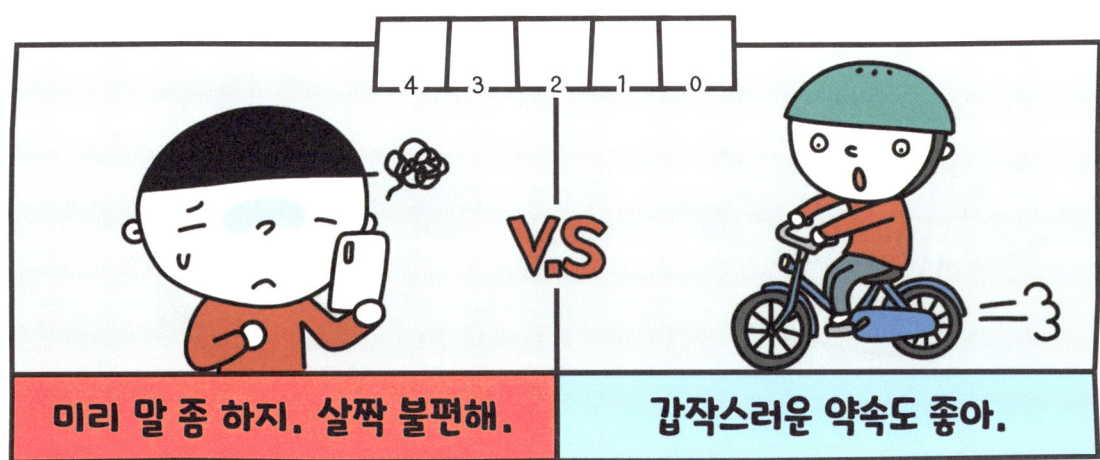

드디어 방학이다! 나의 선택은?

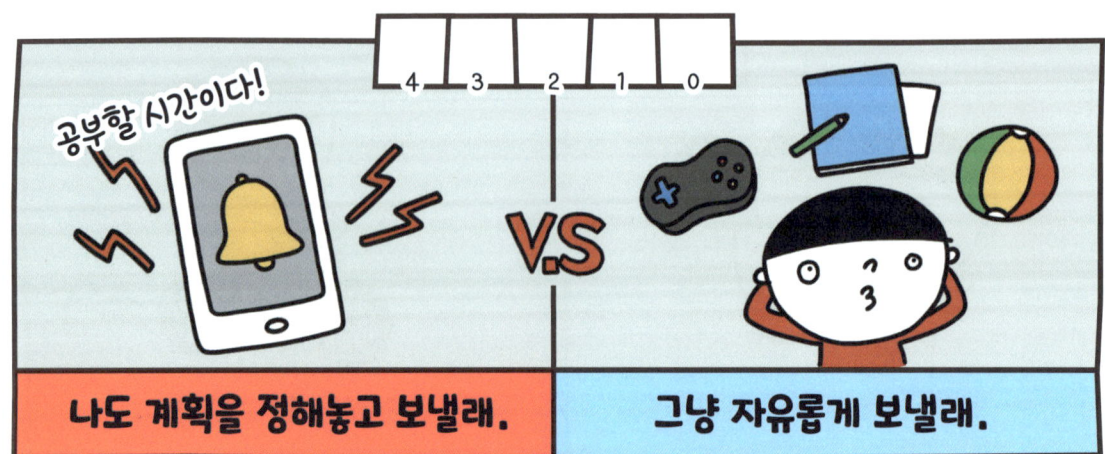

계획성이란 무엇일까?

방학 때 계획 세워본 적 있지? 계획은 앞으로 할 일을 어떤 순서대로 할지, 어떤 방법으로 할지 등을 구체적으로 정하는 일이야. 계획적인 성격도 마찬가지지. 앞으로 할 일을 미리 정해놓고, 그 계획에 따라서 행동하려는 성향이야.

계획성의 장점

계획을 하지 않고 무작정 뛰어들면 예상하지 못했던 장애물을 만나기도 해. 하지만 계획적인 사람은 앞으로의 일을 미리 계획해두었기 때문에, 그런 장애물도 예상해서 머뭇대지 않고 시원하게 진행할 수 있어. 정해진 계획이 있으면 한 가지 방향으로 쭉 진행하게 되거든. 그래서 이랬다가 저랬다가 하는 일도 없지.

계획성의 단점

세상 일이 반드시 계획대로만 흘러가지 않는다는 게 문제야. 계획적으로만 생활하던 사람은 돌발 상황에 대처하지 못하는 모습을 보여주기도 해. 그리고 계획이란 건 많이 세울수록 지키는 게 어렵기 마련이거든. 그래서 그때그때 상황에 맞게 대처할 수 있는 임기응변 능력을 키우는 것이 좋아.

나의 성향은 무엇일까?

계획성

| 0 | 1 | 2 | 3 | 4 | 5 | 6 | 7 | 8 | 9 | 10 | 11 | 12 | 13 | 14 | 15 | 16 |

산타 할아버지의 선물! 나의 선택은?

산타 할아버지한테 선물을 받았다!

친구와 나는 손목시계를 두 개 받았다.

가위바위보 해서 이긴 사람 먼저 고르자!

좋아!

내가 이겼다!

내가 그거 갖고 싶었는데~

그런데 친구가 울음을 터뜨렸다.

어쩌지?

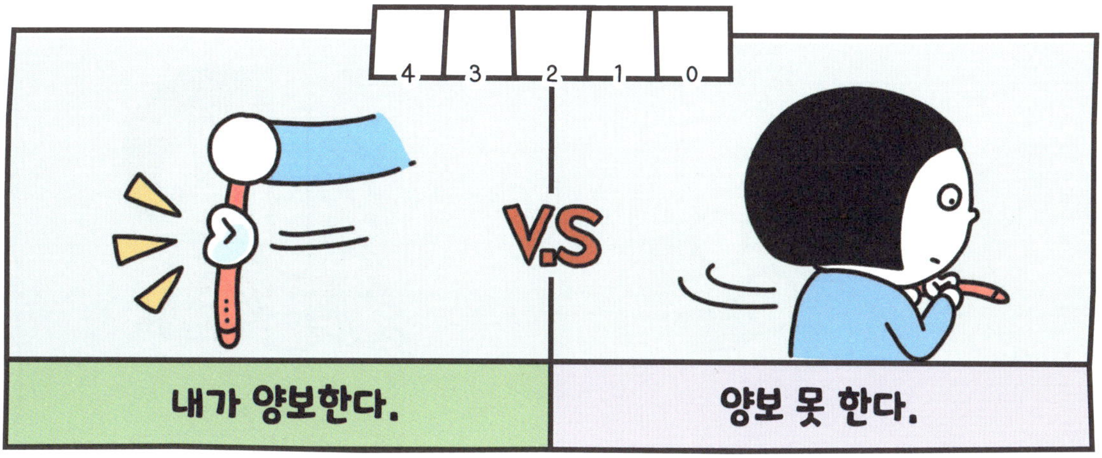

내가 양보한다. V.S 양보 못 한다.

진흙탕에 떨어진 공! 나의 선택은?

# 갑작스러운 부탁! 나의 선택은?

희생성이란 무엇일까?

만화를 보면 자신의 몸을 바쳐 다른 사람들을 구하는 장면이 있어. 물론 현실에서는 그 정도로 우리 몸을 희생할 일은 많지 않지. 하지만 그런 식으로 다른 사람을 위해 나의 이득을 버리거나, 양보하는 성격을 두고 희생성이라고 해.

희생성의 장점

나보다 약하고 부족한 사람을 돕는 것이 바로 희생이야. 부모님들께서 우리를 위해 해주시는 것이기도 해. 부모님의 도움이 없으면 우리는 살아남지도 못했겠지? 그것만으로도 희생이 얼마나 고귀하고 아름다운 것인지 알 수 있어. 누군가의 도움이 필요할 때 발 벗고 나서는 사람들이 있기에 아직도 세상이 따뜻한 거지.

희생성의 단점

희생은 고귀한 일이지만 내가 손해를 본다는 사실을 잊으면 안 돼. 내가 심하게 고생하면서 다른 사람들을 행복하게 한다면 다 무슨 소용이겠어? 무엇보다, 아직 어린 우리는 누구를 위해 희생할 능력도 충분치 않고, 그럴 필요도 없어. 그냥 친구에게 작은 도움을 건네는 정도면 아주 잘하고 있는 거야.

나의 성향은 무엇일까?

| 0 | 1 | 2 | 3 | 4 | 5 | 6 | 7 | 8 | 9 | 10 | 11 | 12 | 13 | 14 | 15 | 16 |

희생성

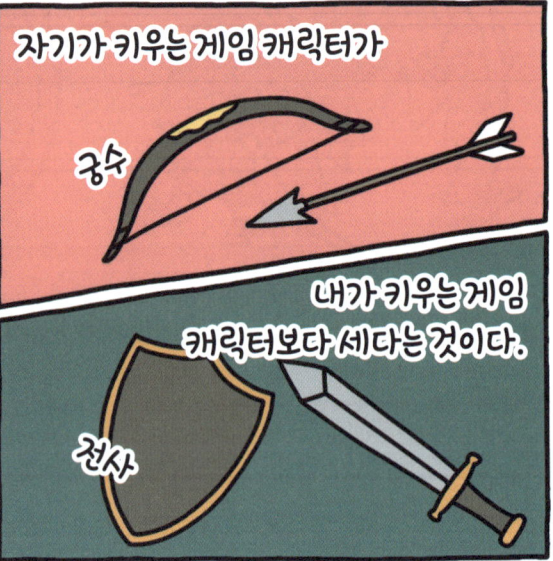

내 걸 멋대로 먹다니! 나의 반응은?

| 친구니까 하나 준 거로 치자. | 화낸다. |

내 소중한 필통이! 나의 반응은?

포용력이란 무엇일까?

포용은 끌어안는다는 뜻의 포옹과 말이 비슷하지? 사실 뜻도 비슷해. 남을 너그럽게 감싸주거나 받아들이는 것을 포용이라고 하거든. 여기서는 주로 다른 사람의 잘못을 용서하고 받아들이는 힘을 말해. 사실 용서는 정말 어려운 일이야. 억지로 화해하는 것이 아니라, 용서받는 사람과 용서하는 사람이 모두 준비가 되었을 때만 할 수 있는 일이지.

포용력의 장점

포용력이 없으면 친구들과 오래 사귈 수가 없어. 조금만 싸워도 용서하지 못하고 바로 관계를 끊어버리기 때문이야. 하지만 용서는 상대방은 물론이고, 나 자신을 편안하게 해주는 것이기도 해. 친구가 충분히 반성하고 사과했다면 너그러운 용서로 더 깊은 우정을 쌓아나갈 수 있을 거야.

포용력의 단점

용서는 아름다운 일이지만 반드시 해야 하는 일은 아니야. 용서할 자격이 없는 친구를 용서할 필요는 없다는 얘기지. 날 괴롭히는 아이를 아무 계기도 없이 계속 용서한다면 어떻게 되겠어? 오히려 내가 만만한 아이처럼 보여서 더 괴롭힘을 당할 수도 있지. 다시 날 힘들게 하지 않는다는 보장이 없다면, 애써 용서할 필요는 없어.

나의 성향은 무엇일까?

포용력

| 0 | 1 | 2 | 3 | 4 | 5 | 6 | 7 | 8 | 9 | 10 | 11 | 12 | 13 | 14 | 15 | 16 |

준비물에 대하여! 나의 태도는?

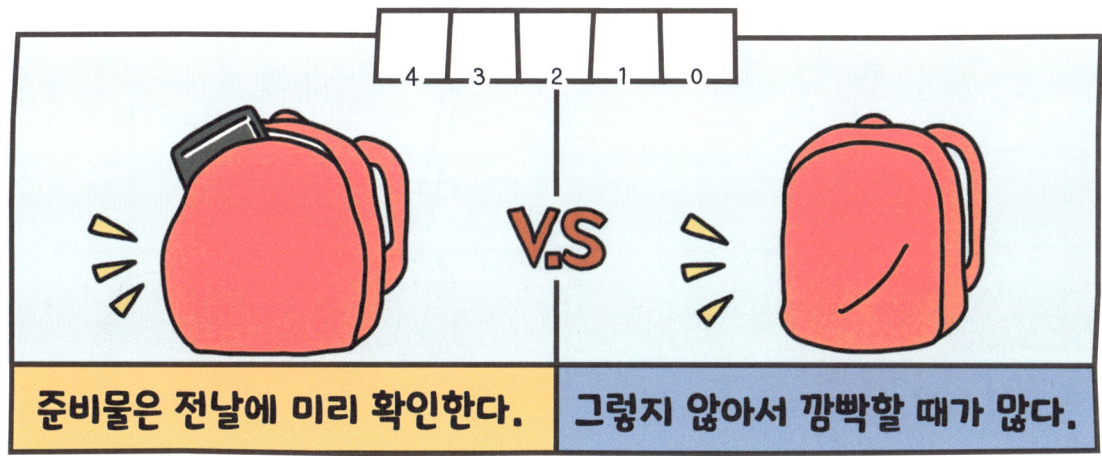

교실 청소 시간! 나의 선택은?

친구에게 보내는 까톡! 나의 선택은?

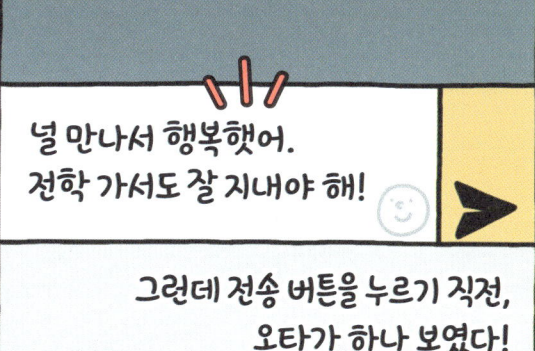
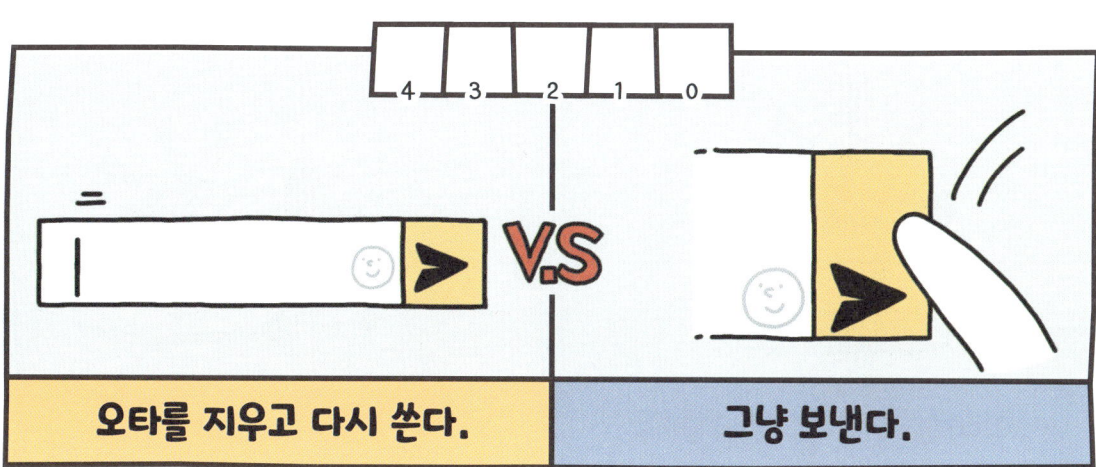

신나게 놀고 난 뒤! 나의 선택은?

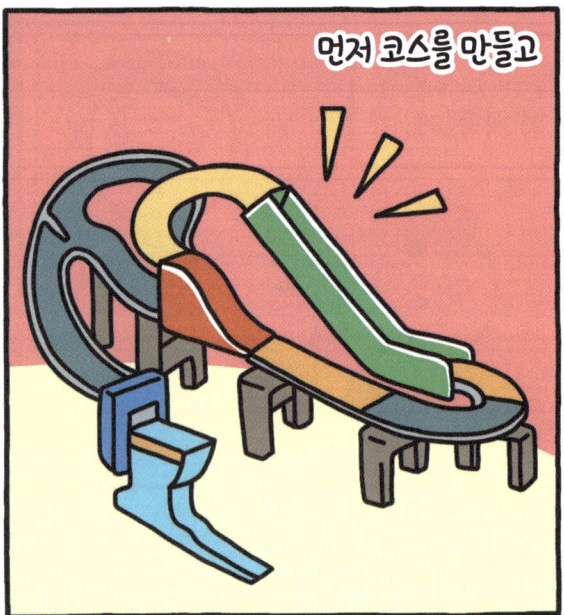

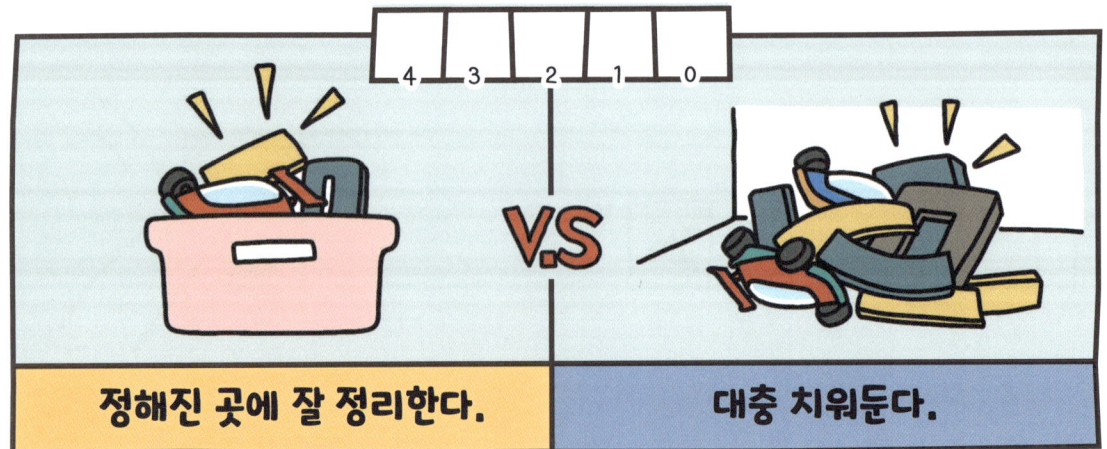

정해진 곳에 잘 정리한다. V.S 대충 치워둔다.

꼼꼼함이란 무엇일까?

콜라를 마시고 나서 뚜껑을 제대로 잠그지 않아서 빈틈이 생기면, 김이 빠지고 콜라가 새어 나와서 난리가 나겠지? 꼼꼼함은 이런 빈틈을 만들지 않는 차분하고 조심스러운 모습을 말해. 그래서 어떤 일을 할 때 실수 없이 잘 해낼 수 있지.

꼼꼼함의 장점

꼼꼼한 사람은 어떤 일을 할 때 중요한 과정을 빼놓지 않고 잘 챙겨. 모든 일에는 해야 하는 순서가 있는데, 공부도 마찬가지지. 꼼꼼한 사람은 공부할 때도 차근차근 순서대로, 중요한 과정을 건너뛰지 않고 배우기 때문에 하면 할수록 실력이 눈에 띄게 늘어.

꼼꼼함의 단점

사실 간단한 일도 과정을 나눠보면 복잡해 보이거든. 지나치게 꼼꼼한 사람은 이런 세세한 과정에 신경을 많이 쓰다 보니 쉽게 피곤해지는 편이야. 그래서 간단한 일인데도 어려워 보여서 부담을 느낄 수 있지. 그러니까 처음부터 모든 것을 다 챙기려 들지 말고, 가벼운 마음으로 눈앞에 보이는 일부터 차근차근히 해 보자.

나의 성향은 무엇일까?

| 0 | 1 | 2 | 3 | 4 | 5 | 6 | 7 | 8 | 9 | 10 | 11 | 12 | 13 | 14 | 15 | 16 |

꼼꼼함

연애의 계절 봄! 나의 생각은?

꽃이 피어나는 봄!

때는 바야흐로 연애의 계절…

가는 곳마다 연인들이 가득하다.

민준아.

너는 연애 안 해?

나?!

이미 연애하고 있거나, 마음만 먹으면 할 수 있다.

V.S

연애할 자신이 없다.

발표하는 시간! 나의 생각은?

오늘은 수업 시간에 영화를 보기로 했다.

팝콘과 음료수도 챙겨왔지!

우리는 정신없이 영화를 봤다.

짜릿한 모험! 화끈한 액션!

그런데 영화를 다 보고 나자
짝짝짝짝

선생님께서 말씀하셨다.
그러면 영화 감상을 발표해 볼까?

4 3 2 1 0

VS

내 생각을 빨리 발표하고 싶다.

불안하고 걱정된다.

자신감 넘치는 말! 나는 어떻지?

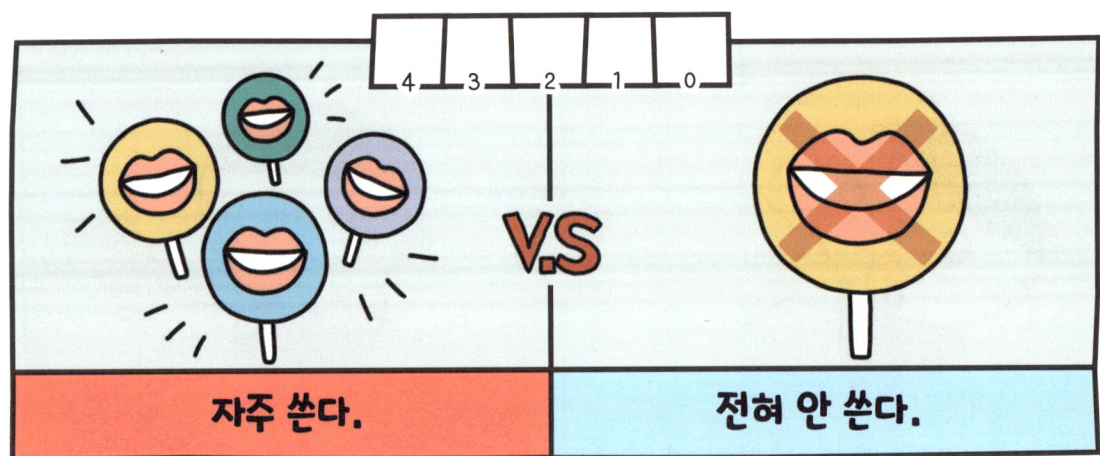

Q4. 정답은 알고 있다! 나의 선택은?

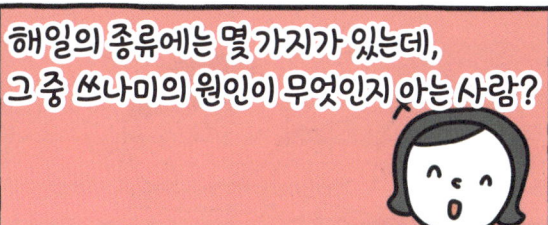

자신감이란 무엇일까?

'할 수 있어?'하고 물으면, 자신감 넘치는 사람들은 '자신 있어!'하고 대답하지. 자신감은 바로 나를 믿는 마음이야. 내가 어떤 일을 할 수 있다고 느낄 때, 우리는 자신감을 얻지. 이것이 강한 사람은 실제로 행동을 해서 내 자신감을 증명하려고 해. 그리고 증명하는 데 성공할수록 자신감도 따라서 점점 커지지.

자신감의 장점

자신감이 없으면 어떤 일을 하든 내 실력보다 훨씬 못한 모습을 보여주게 돼. 끊임없이 '잘 할 수 있을까?' 하는 걱정에 시달리기 때문이야. 하지만 일단 내가 할 수 있다고 믿고 나면, 사실은 할 수 없었던 일도 해낼 수 있게 되는 경우가 많아.

자신감의 단점

아무런 이유도 없이 자신감만 넘친다면 어떨까? 자신감이 너무 강하면 나 자신을 과대평가할 수 있어. 내 수준에 맞지 않는 일에 도전하다가 계속해서 실패를 경험하게 될 거야. 내 실력을 정확히 알고, 그 실력에 대해 자부심을 느끼는 것이 건강한 자신감이야.

나의 성향은 무엇일까?

0	1	2	3	4	5	6	7	8	9	10	11	12	13	14	15	16

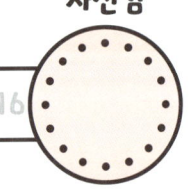

자신감

자기를 좋아한다고? 나의 생각은?

나르시시즘에 빠진 윌리엄.

애들은 윌리엄을 보고 눈살을 찌푸렸다.
으으~ 왕자병!

나는 윌리엄이 걱정돼서 한마디 했다.
너무 잘난척하면 미움받아.
남들의 시선은 중요하지 않아!

하지만 윌리엄은 외쳤다.

내가 날 좋아하는 게 더 중요하지.

내가 날 좋아한다고?! 나는 어떻지?

| 4 | 3 | 2 | 1 | 0 |

나도 내가 좋다. V.S 난 내가 싫다.

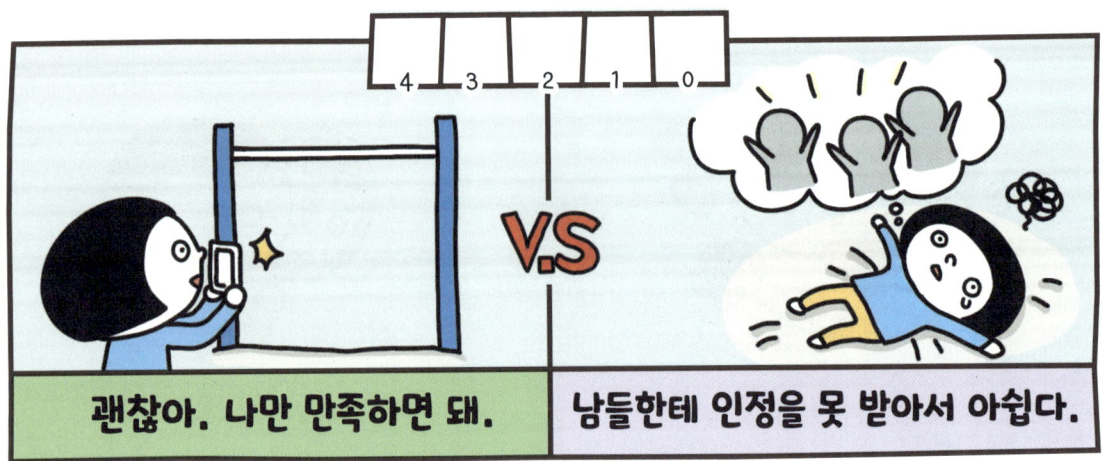

# 나보다 잘 부르는 꼬맹이! 나의 반응은?

잘난 전학생의 등장! 나의 반응은?

자존감이란 무엇일까?

누가 뭐래도 나는 나! 나 자신을 가치 있는 존재라고 여기는 마음이 바로 자존감이야. 자존심이랑 헷갈리지? 자존심은 남과의 비교를 통해 얻어지는 것이라면, 자존감은 다른 사람과 비교하지 않고도 나 자신을 사랑하고 아끼는 마음이야. 자존감이 강하면 전교 일등 앞에서도 기죽지 않을 수 있지.

자존감의 장점

세상에는 잘생기고, 똑똑한 사람들이 정말 많잖아? 그래서 살다 보면 끊임없이 주변 사람들과 날 비교하게 돼. 그런데 남들을 부러워하다 보면 나 자신을 깎아내리게 되지. 하지만 자존감이 강한 사람은 남들과 나를 비교하지 않아. 내가 남들보다 조금 부족하더라도 기죽지 않지. 남들이 뭐라고 하든 무너지지 않는 나만의 성을 가지고 있는 셈이야.

자존감의 단점

내가 해낼 수 있다고 믿는 자신감과 다르게, 자존감이 강하면 내가 해내지 못해도 괜찮다고 생각해. 그런데 너무 자존감만 추구하다 보면 지금의 내 모습에 만족해버리고, 더 노력을 하지 않게 될 수도 있어. 나를 사랑하는 마음이 내가 멈춰 서는 이유가 되어서는 안 되겠지?

나의 성향은 무엇일까?

자존감

0	1	2	3	4	5	6	7	8	9	10	11	12	13	14	15	16

좋아하던 아이의 제안! 나의 선택은?

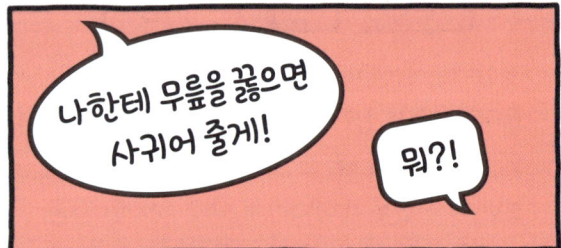

친구의 얄미운 제안! 나의 선택은?

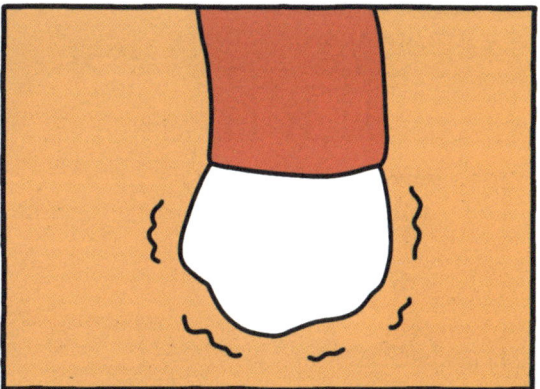

나보다 능숙한 동생! 나의 반응은?

친해진 아이가 글쎄! 나의 선택은?

친구가 나보고 약하다고 하거나, 바보 같다고 하면 기분이 나쁘지? 이런 상황에서 우리는 자존심이 상했다고 말해. 자존심은 남에게 굽히지 않고 나의 품위를 지키려는 마음이야. 품위라는 게 꼭 공주님이나 왕자님에게만 있는 것은 아니라는 거!

자존심의 장점

자존심이 강한 사람은 남들이 나를 무시하고 깎아내릴 때 가만있지 않고 맞서. 그래서 주변 사람들이 만만하게 볼 수가 없지. 그래서 어떤 주장을 하더라도 힘 있고 강하게 들리고, 터무니없는 주장일지라도 남들이 고개를 끄덕일 만큼 설득력이 강해지지.

자존심의 단점

싸움이 일어나는 이유는 거의 다 자존심 때문이라고 해도 될 정도야. 당연히 자존심이 강한 사람은 많이 싸울 수밖에 없지. 하지만 자존심은 나 혼자서는 절대 만들 수가 없어. 주변 사람들과 싸우고, 그 사람들이 날 무시하기 시작하면 아무리 센 자존심도 버티지 못하고 무너지기 시작하지. 그러니 때론 내 자존심을 억누르고 주변 사람들을 배려해야 해.

나의 성향은 무엇일까?

| 0 | 1 | 2 | 3 | 4 | 5 | 6 | 7 | 8 | 9 | 10 | 11 | 12 | 13 | 14 | 15 | 16 |

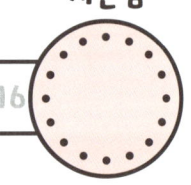

자존심

 친구와 싸우고 말았다! 나의 태도는?

공부에 대하여! 나의 태도는?

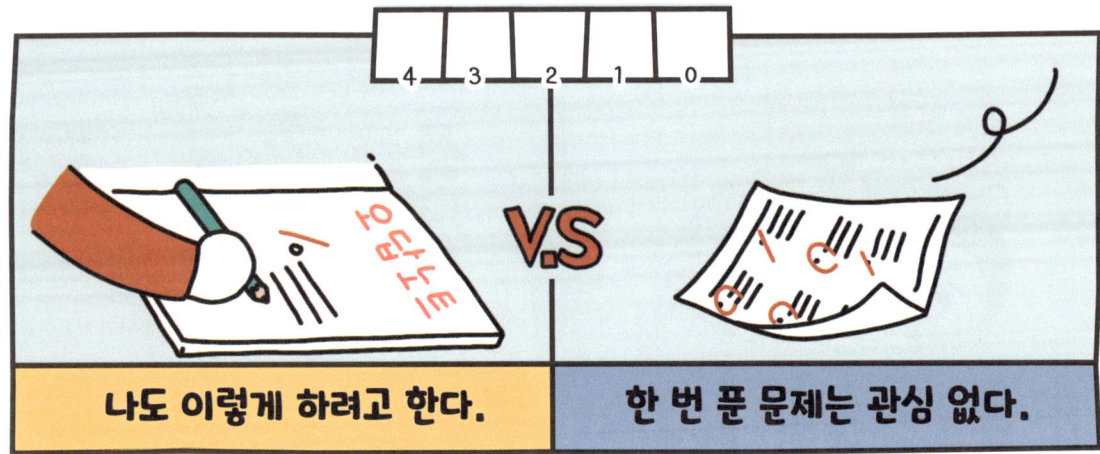

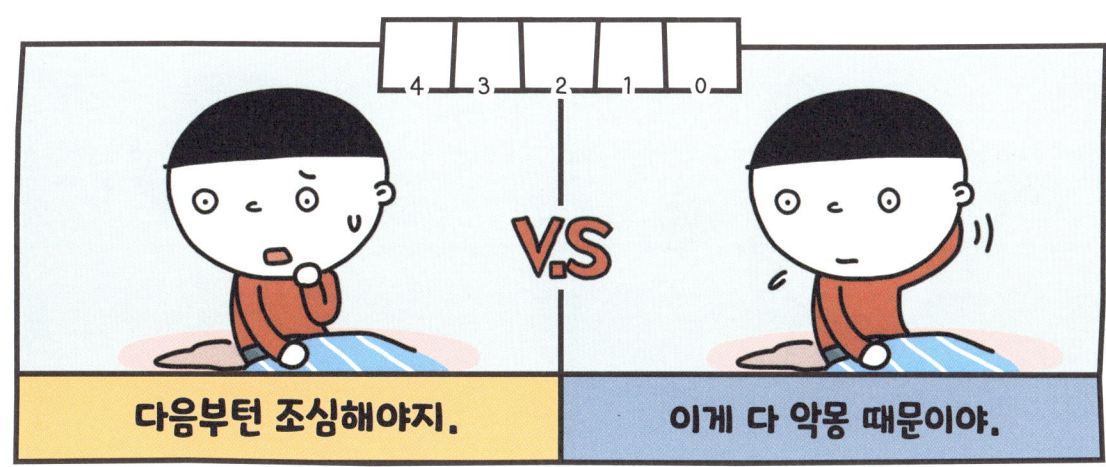

숙제를 안 해서 혼났다! 나의 태도는?

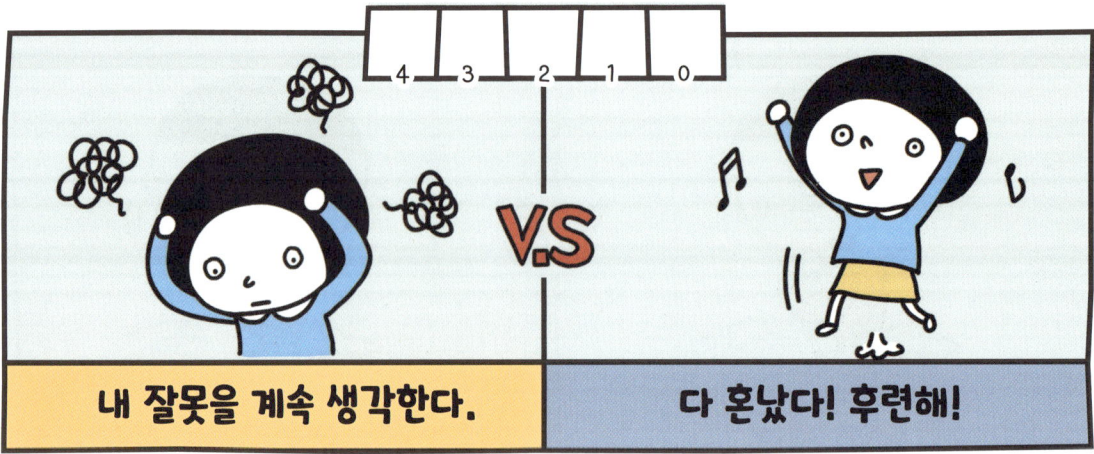

내 잘못을 계속 생각한다. | 다 혼났다! 후련해!

자기반성 이란 무엇일까?

우리가 잘못하면 부모님이 가장 먼저 시키는 게 뭐지? 바로 반성이야. 반성을 자주 하는 사람은 나의 말이나 행동이 잘못되지 않았는지 더 자주 돌아보곤 해. 내 약점을 고치는 데도 도움이 되기 때문에, 자기 관리를 잘하는 유명 연예인들에게서 쉽게 볼 수 있는 태도이기도 해.

자기반성의 장점

내 잘못을 받아들이는 건 정말 어려운 일이야. 하지만 스스로 반성을 한다면 나의 행동을 올바르게 고쳐나갈 수 있어. 그래서인지 한 번 했던 실수는 잘 하지 않는 편이기도 해. 그런 식으로 내 약점을 잘 고쳐나간다면 1년 뒤, 2년 뒤에는 몰라볼 만큼 발전한 모습을 보여줄 수 있겠지?

자기반성의 단점

반성하기는 했는데, 그 일이 정말 반성할만한 일이었을까? 만약 내가 잘못한 일이 아닌데도 억지로 반성을 했다면 오히려 잘못된 방향으로 나아갈 수 있어. 그리고 반성은 무엇보다 실천이 따라오지 않으면 소용이 없는 일이기도 해. 반성했다면 다시는 같은 실수를 하지 않도록 조심하자.

나의 성향은 무엇일까?

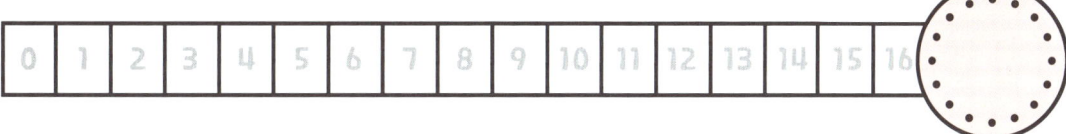

자기반성

남의 시선에 대하여! 나의 태도는?

 칭찬을 안 하시는 선생님! 나의 반응은?

달리기에 자신이 있었던 나는 온 힘을 다해 달려 일등을 했다!

그런데 선생님께서는 상을 주시고는 잘했다는 말씀 한마디 안 하셨다!

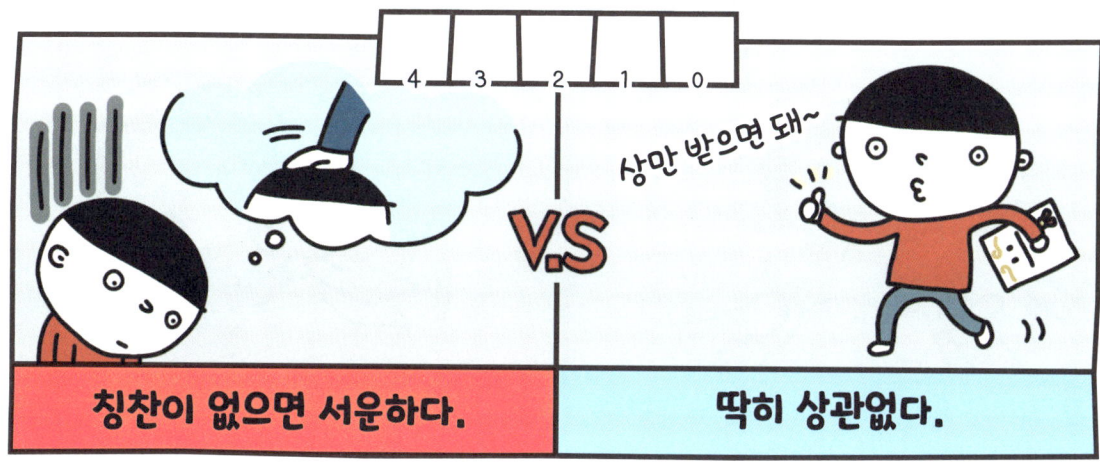

칭찬이 없으면 서운하다. | 딱히 상관없다.

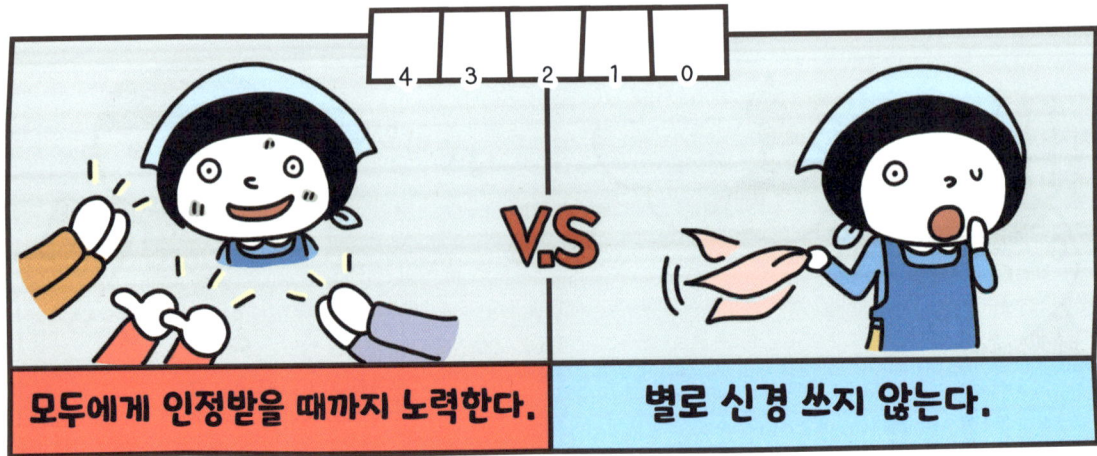

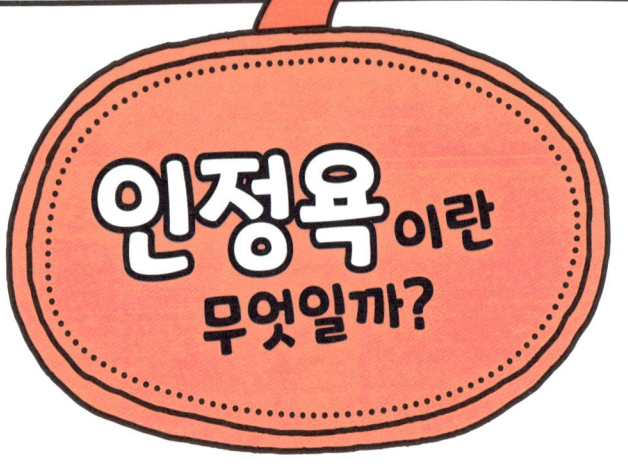 

인정욕이란 무엇일까?

사람들에게 인정받는 것을 중요하게 여기는 욕구야. 인정욕은 남들에게 나를 평가받으려고 하는 마음이거든. 그래서 남들의 시선을 중요하게 생각해. 세상 사람들에게 인정받을 만한 자랑거리가 생기면 그걸 두고 명예라고 하는데, 인정욕이 강한 사람은 명예를 통해서 자신이 가치 있다는 것을 증명하고 싶어 해.

인정욕의 장점

인정욕이 강한 사람은 단순히 돈을 많이 버는 것에서 만족하지 않고 더 높은 경지를 노려. 세상 사람들이 모두 알 수 있을 만큼 유명해지고 싶어 하지. 그래서 보통 사람들보다 목표가 거대해. 그 목표는 좋은 직업을 가지는 것일 수도 있고, 좋은 일을 해서 영웅이 되는 것일 수도 있어. 좋은 목표는 당연히 내게 있어 큰 힘이 되지.

인정욕의 단점

남들의 평가에 많이 의존하는 게 문제야. 인정욕이 너무 강한 사람은 남들이 없으면 내가 어떤 사람인지 스스로 평가하지 못하거든. 그러다 보니까 남들이 내 가치를 정하는 꼴이 되어 버리기도 해. 때론 실제보다 높은 평가를 받으려고 허세를 부리기도 하지. 그러니 날 사랑하는 마음인 '자존감'을 더 키우면 내 가치를 찾는 데 도움이 될 거야.

나의 성향은 무엇일까?

인정욕

| 0 | 1 | 2 | 3 | 4 | 5 | 6 | 7 | 8 | 9 | 10 | 11 | 12 | 13 | 14 | 15 | 16 |

삼촌네 집에 가야 해! 나의 선택은?

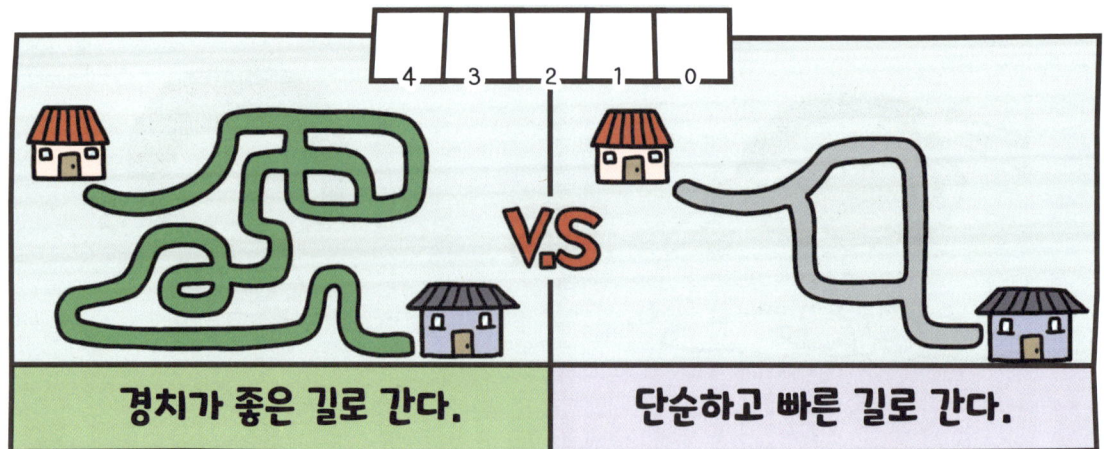

스마트폰을 사야 해! 나의 선택은?

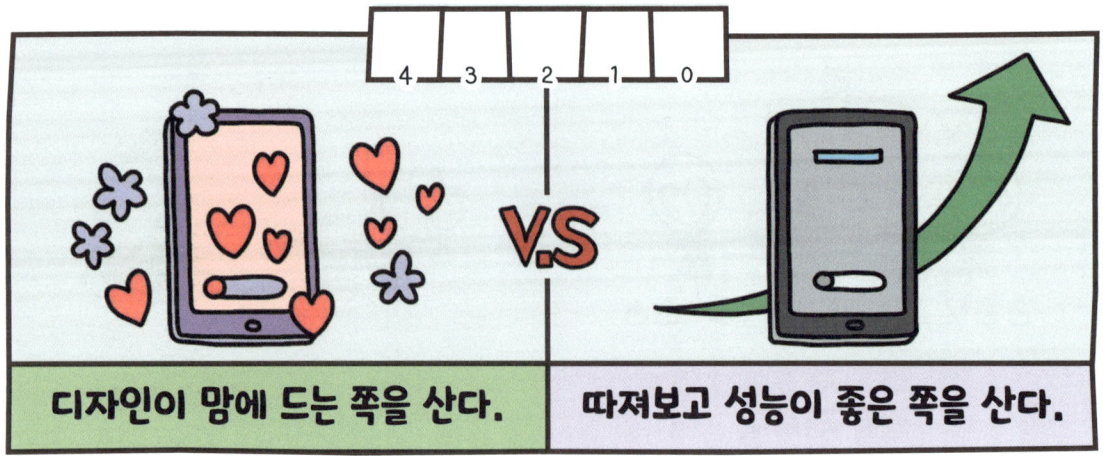

감성적이란 무엇일까?

감성적인 사람에게는 몇 가지 특징이 있어. 우선 오감으로 느끼는 것들을 남들보다 더 진하게 느끼게 해 주지. 그래서 예술 작품을 볼 때도 남들은 모르는 가치를 느끼고 찾아낼 수 있어. 그리고 자신의 감정을 표현할 때도 남들보다 훨씬 풍부하게 표현하고는 해.

감성적의 장점

아무리 세상이 발전하고 다양한 지식을 얻더라도 감성은 항상 필요해. 감성이 부족한 사람은 인간미가 부족해서 마치 로봇처럼 느껴질 수도 있거든. 만약 감성이 없다면 아름다운 디자인이나 감미로운 음악도 필요가 없겠지? 그래서 감성적인 사람은 예술 분야에서 더 뛰어난 모습을 보이기도 해.

감성적의 단점

지나치게 감성적이면 결정을 내릴 때도 감정이 앞서기 때문에 자칫 합리적이지 못한 판단을 할 수도 있어. 살다 보면 때로는 냉철한 판단이 필요한데, 이때는 내 감정으로부터 잠시 멀어지는 게 도움이 될 거야. 그러기 위해서는 내가 처한 상황을 냉정하게 돌아보고, 감정을 다스리는 힘을 길러야 하지.

나의 성향은 무엇일까?

| 0 | 1 | 2 | 3 | 4 | 5 | 6 | 7 | 8 | 9 | 10 | 11 | 12 | 13 | 14 | 15 | 16 |

감성적

친구의 고민 상담! 나의 반응은?

친구가 날 카페에 불렀다.

친구는 스무디를 단숨에 마신 뒤

나한테 푸념을 했다.

"엄마한테 가수가 되고 싶다고 말씀드렸는데"

"끄떡도 안 하셔…"

"이대로 마이크를 꺾어야만 하는 걸까?"

친구의 고민 상담! 이럴 때 나는…

공감부터 하려고 한다. | 고민부터 해결하려고 한다.

이어달리기 중! 나의 생각은?

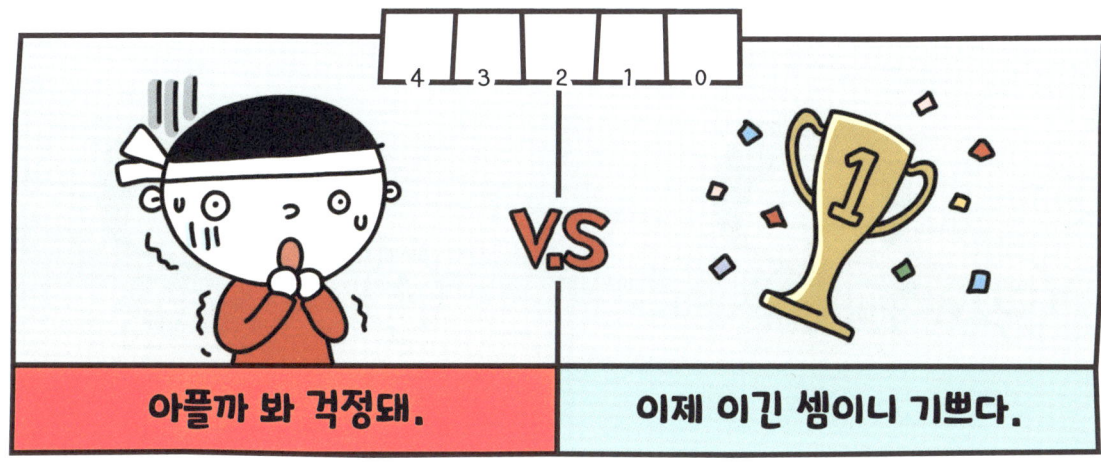

강아지를 위하여! 나의 선택은?

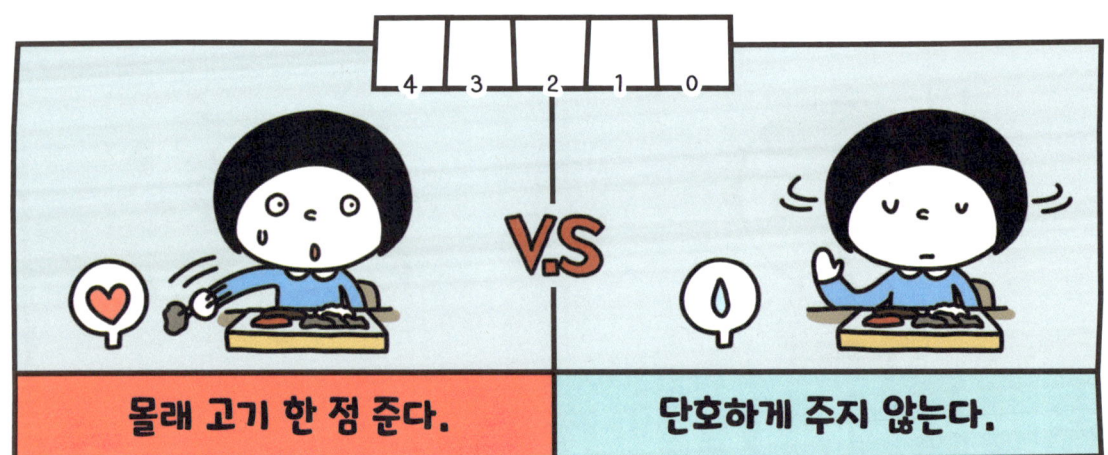

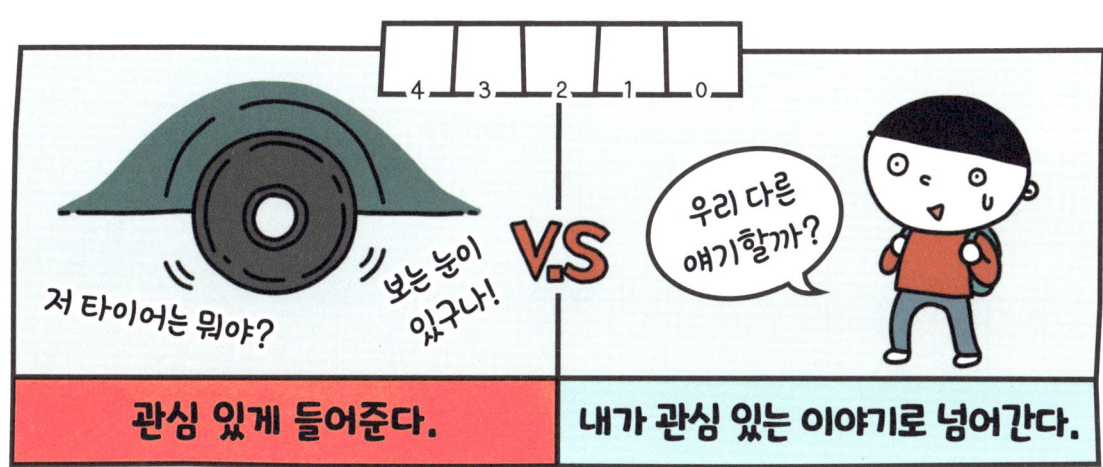

공감 능력이란 무엇일까?

공감 능력은 다른 사람의 상황이나 기분을 같이 느낄 수 있게 해줘. 사실 나와 처지가 같은 사람에게 공감하는 것은 어렵지 않지? 하지만 공감 능력이 강한 사람은 나와 처지가 다른 사람에게도 쉽게 공감할 수 있어.

공감 능력의 장점

사람들은 때때로 남들에게 지나치게 깐깐하게 굴 때가 많아. 하지만 공감 능력이 강하면 입장이 다를지라도 좀 더 양보함으로써 모두가 만족하는 결정을 내릴 수 있어. 가식적이지 않은 태도와 배려심 덕분에 주변 사람들에게 사랑받을 수 있는 성격이지.

공감 능력의 단점

공감 능력은 엄청난 약점이기도 해. 어떤 사람들은 자신이 가진 상처와 안타까운 입장을 이용해서 날 지배하려 들기도 하지. 이런 사람들을 만족시키려면 내 모든 에너지와 애정을 남김없이 쏟아부어야 해. 그 과정에서 내가 불행해져도 그 사람은 아랑곳하지 않을 거야. 내 배려심을 이용하려 드는 사람과는 단호하게 멀어지는 것이 좋아.

나의 성향은 무엇일까?

공감 능력

| 0 | 1 | 2 | 3 | 4 | 5 | 6 | 7 | 8 | 9 | 10 | 11 | 12 | 13 | 14 | 15 | 16 |

영화를 본 뒤 친구가 물었다! 나의 반응은?

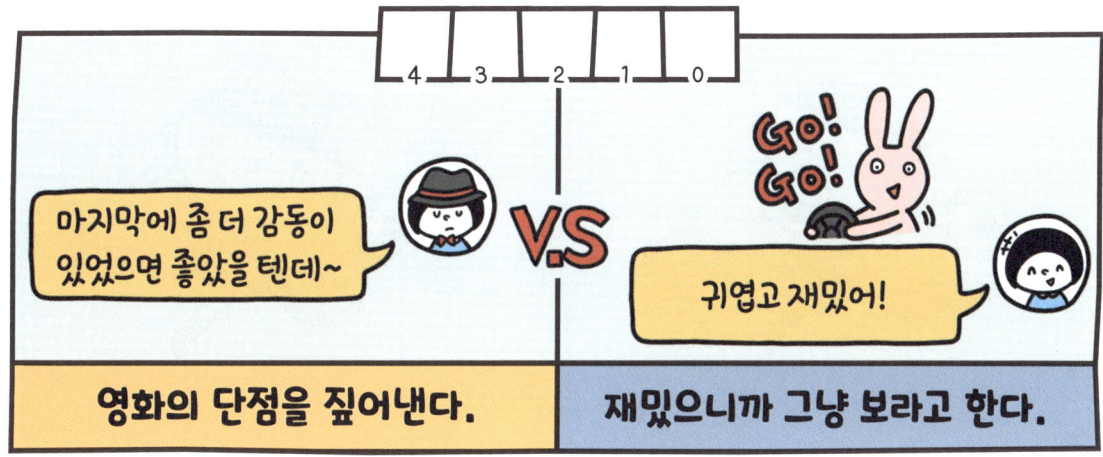

선생님의 말씀! 나의 생각은?

수업 중.

친구가 졸고 있다.
일어나~

결국 선생님이 오셔서 친구를 깨우셨다.
요놈!

그러고 나서 말씀하셨다.
얘들아. 공부를 안 하면 성공을 못 해.

선생님도 어릴 땐 공부하기 싫었지만 억지로라도 했단다.

나는 생각했다.

| 4 | 3 | 2 | 1 | 0 |

꼭 공부를 잘해야만 성공할까? | 공부해서 나쁠 게 있나?

이상한 목걸이! 나의 선택은?

비판적 사고란 무엇일까?

비판적 사고는 사실을 있는 그대로 받아들이지 않는 거야. 비판적 사고가 부족하면 남들이 말하는 그대로 무분별하게 받아들이다 속아 넘어가기 쉽지. 뉴스에서 말하거나, 어른이 말하는 사실을 당연한 것처럼 받아들이고 있다면 비판적 사고를 하고 있지 못한 거야.

비판적 사고의 장점

비판적 사고 능력이 뛰어난 사람은 당연해 보이는 사실을 항상 의심해. 그러다 보니 남들이 알아차리지 못했던 중요한 사실을 알아차리거나, 남들이 하는 거짓말을 간파하기도 해. 특히 사람은 여럿이 함께 결정할 때 비판적 사고가 마비되는 모습을 보여주는데, 비판적 사고를 할 수 있다면 그런 상황에서도 휘둘리지 않을 수 있지.

비판적 사고의 단점

항상 진지하다는 게 단점이라면 단점이지. 남들이 툭툭 던지는 의미 없는 말을 너무 깊이 생각하고 분석한다든지, 그냥 넘어갈 만한 일을 꼬치꼬치 캐물어서 긁어 부스럼을 만들기도 해. 필요 이상으로 의심이 많다는 게 단점이라고 할 수 있어.

나의 성향은 무엇일까?

비판적 사고

3

유형 체크표

나의 유형은 무엇일까?

나의 유형은 무엇일까?

나의 성향을 알았다면 이제 나의 유형을 알아보자.
앞서 계산한 성향의 숫자를 더한 후 나누기를 해서
평균값을 계산해보는 거야.
가장 높은 숫자가 곧 나의 유형이 되겠지?!
참고로, 나의 유형은 여러 개일 수도 있어!

A 개구쟁이형
60p 외향성 + 76p 호기심 = ☐
÷ 2 =

B 고집쟁이형
66p 승부욕 + 126p 자존심 = ☐
÷ 2 =

C 무사태평형
36p 낙관성 + 42p 둔감성 = ☐
÷ 2 =

D 변덕쟁이형
71p 개방성 + 49p 소심성 = ☐
÷ 2 =

E 분위기 메이커형
60p 외향성 + 106p 포용력 + 146p 공감 능력
= ☐ ÷ 3 =

4
테스트 결과

개구쟁이형	불도저형
고집쟁이형	예술가형
무사태평형	혁신가형
변덕쟁이형	연구자형
분위기 메이커형	승부사형
근심걱정형	탐험가형
천사형	완벽주의형
철학자형	연예인형
서포터형	운동선수형
발명가형	모범생형
마당발형	대장형

A 나는 어떤 사람일까?

개구쟁이는 장난기가 온몸에 가득한 사람이야. 툭하면 친구들을 놀리고, 이상한 농담으로 사람들을 웃게 만들지. 혹시 너도 그런 사람이니? 개구쟁이가 정확히 어떤 사람인지, 지금부터 자세히 이야기해 줄게.

개구쟁이형 사람은 정말 외향적이야. 조용히 앉아 책을 읽거나 그림을 그리는 일보다는 바깥에서 뛰어노는 일을 훨씬 좋아해. 부끄러움도 없어서, 수많은 사람 앞에서 요상한 춤을 추거나 웃긴 소리를 할 때가 많아. 다들 집중해서 공부를 할 때도 개구쟁이형 사람은 이 사람 저 사람을 건드리며 장난을 치곤 하지.

그리고 호기심이 많은 것도 개구쟁이형 사람의 큰 특징이야. 특히 사람에 대한 호기심이 아주 많아. 누가 누굴 좋아하는지, 누가 누구랑 친한지, 누가 누구랑 싸웠는지 등 친구들 사이의 일에 사사건건 관심을 두고 그 옆에서 이러쿵저러쿵 떠들기를 좋아하지.

개구쟁이형 사람은 특유의 발랄함으로 주변 이들을 웃게 만들곤 해. 너희 반에도 꼭 한 명씩 있지? 툭하면 익살스러운 장난을 치며 사람들을 깔깔거리게 하는 활발한 친구 말이야. 개구쟁이형 사람은 어딜 가나 친구들이 많고, 주변이 늘 시끌시끌할 거야.

그런데, 만약 네가 개구쟁이형 사람이라면 짓궂은 장난을 치다가 누군가에게 상처를 주는 말을 하거나, 어른들께 예의 없는 행동을 하지 않도록 조심해야 해. 남들을 기분 나쁘게 하면 재미도 없어지거든. 그리고 즐겁게 노는 것도 좋지만, 할 일이 있을 땐 그 일에 집중할 줄 알아야 하지. 그러기 위해 때로는 차분하게 앉아 있는 연습을 하는 것도 좋아. 레고 조립이나 색칠 공부, 퍼즐 놀이와 같이 집중력을 길러주는 일들을 하나씩 해나가며, 오늘부터라도 책상 앞에 앉아 있는 시간을 조금씩 늘려보는 것은 어떨까?

너무 심한 장난은 금물! 상대에게 상처 주지 않도록 조심해.

나는 어떤 사람일까? B

고집이라는 말 들어 봤어? 고집은 '자신의 의견을 바꾸지 않고 굳게 버티는 것'을 의미해. 너희도 주변에서 그런 사람을 본 적 있을 거야. 어른들이 하는 말은 다 무시하고 반대로 행동하는 사람. 한번 마음먹은 건 하늘이 두 쪽 나도 해내고 마는 사람! 그런 사람을 바로 고집쟁이라고 한단다.

고집쟁이형 사람은 승부욕이 매우 세기 때문에 지는 걸 정말 싫어해서 게임이나 스포츠처럼 승부가 걸린 일에는 눈에 불을 켜고 집중을 하지. 바꿔 말하면 자존심이 세다고도 할 수 있어. 어린 동생과 오락실에 가더라도, 고집쟁이형 사람은 절대로 동생에게 모른 척 져주려고 하지 않을 거야.

고집쟁이형

그리고 고집쟁이형 사람은 남의 말을 잘 듣지 않아. 그래서 간혹 주변 이들과 갈등을 겪기도 해. 누군가에게 지적을 받아도 그 행동을 쉽게 고치려고 하지 않기 때문이지. 예를 들면 화단을 밟고 지나가다가 어른들에게 혼이 난다 해도, 고집쟁이형 사람은 화단 밖으로 나오려고 하지 않을 거야. 친구들 사이에서 그런 일이 생긴다면 다툼으로 이어지기가 더 쉽겠지.

그렇다면 고집은 꼭 나쁘고 이기적인 것일까? 그렇지만은 않아. 한편으로 고집은 주변의 말에 흔들리지 않고 자신만의 길을 가는 꿋꿋함을 의미하기도 하거든. 고집스러운 태도는 어떤 목적을 달성하는 데 굉장히 많은 도움이 돼. 자신의 한계를 뛰어넘으며 성장하는 운동선수들이나, 아름다운 도자기를 만드는 일에 평생을 바친 장인들을 생각해 봐. 힘든 일도 묵묵하게 해내려는 고집이 없었다면, 그들은 그렇게 훌륭한 성과를 낼 수 없었을 거야.

그러니까 중요한 건 '좋은 고집'과 '나쁜 고집'을 구분해내는 일이겠지? 좋은 고집은 값진 결과물을 만들기 위해 노력하는 고집이고, 나쁜 고집은 주변 이들의 말을 듣지 않아 싸움을 만드는 고집이야. 그러니 만약 네가 고집쟁이형 사람이라면 한번 생각해 볼 필요가 있어. 네 고집이 사람들에게 피해를 주는 고집인지, 너를 성장시키는 고마운 고집인지를 말이야.

나는 어떤 사람일까?

시험이 코앞으로 다가와도 아무것도 하지 않고 마음 편히 빈둥거리니? 우산이 없는데 비가 미친 듯이 쏟아져도 '어떻게든 되겠지.'라고 생각하며 태연하게 앉아 있니? 그렇다면 너는 무사태평형 사람일 거야. 무사태평이란 아무런 걱정 없이 편히 즐기는 마음을 뜻해.

무사태평형 사람의 가장 큰 특징은 낙관성이야. 미래에 좋은 일이 생기리라 생각하기 때문에 현재를 더 편하게 즐기곤 하지. '신선놀음'이라는 말 들어 봤어? 신선처럼 아무 걱정 없이 평안하게 지낸다는 뜻인데, 무사태평형 사람이야말로 그에 딱 어울리는 사람이야. 그는 마치 풀밭에 누운 한 마리의 곰처럼, 이 세상을 느긋하게 바라본단다.

이처럼 무사태평한 인생을 살려면 둔감한 성격을 지녀야 해. 둔감하다는 건 어떤 일이나 자극에 대해서 덤덤하게 반응하는 태도라고 했지? 만약 한 아이가 값비싼 화병을 깨뜨린다면 보통 사람들은 놀라서 소리를 지르겠지만, 무사태평형 사람은 허허 웃으면서 그럴 수도 있으니 신경 쓰지 말라고 이야기할 거야. 이렇다 보니 평소에 성격 좋은 사람이라는 말을 자주 듣겠지?

자잘한 일에 스트레스를 받지 않고 현재를 즐기는 무사태평형은 행복한 사람이야. 그런데, 즐거움만 좇다 보면 중요한 일들을 놓치게 될 수도 있으니 조심해야 해. 무사태평하다는 건 그만큼 미래에 대해 대비를 하지 않는다는 거거든. 자신의 꿈이나 학교생활, 주변 사람과의 관계와 같이 중요한 일들이 당장의 즐거움에 밀려 뒤처지는 건 아닌지 한번 생각해 봐. 모든 일에는 계획과 대비가 필요하다는 사실을 꼭 기억해야 해.

162

나는 어떤 사람일까? D

변덕은 이랬다가 저랬다가 하며 쉽게 변하는 성질을 의미해. 친했던 친구가 하루아침에 이유도 없이 싫어진다든가, 야심 차게 피아노 학원을 끊어 놓고 며칠 안 가 태권도 학원이 더 가고 싶어진다든가 하면서 말이야. 변덕쟁이형 사람은 정확히 어떤 사람일까? 지금부터 한번 살펴 보자.

변덕쟁이형 사람은 대체로 개방적이야. 개방적이라는 건 여러 가지 선택지에 대해 마음이 열려있는 태도라고 했지? 수많은 선택지에 마음이 이끌리기 때문에, 변덕쟁이형 사람은 자꾸 이걸 선택했다가 저걸 선택했다가 하며 생각을 바꾸곤 해. 예를 들면 강아지 인형을 사기 위해 돈을 모으기 시작한 뒤에도, 곰돌이 인형이나 토끼 인형이 갖고 싶어져서 고민에 빠지고 말 거야. 얼마 안 가 곰돌이 인형으로 목표를 변경할지도 모르지. 그렇지만 진정한 변덕쟁이형 사람이라면 이내 다시 이렇게 생각할 거야. '강아지나 곰돌이보단 역시 토끼가 더 귀여운 것 같아.'

변덕쟁이형

또 변덕쟁이형 사람은 매우 소심한 성격이야. 어느 하나를 선택하고 끝까지 밀어붙이기에는 자신이 없어서, 여러 가지 선택지 사이에서 갈팡질팡하곤 해. 겁이 많기도 하고, 자신에게 일어날 수 있는 모든 일을 생각해 그에 대비하려고 한단다.

그러니 만약 네가 변덕쟁이형 사람이라면, 네가 진정으로 원하는 것이 무엇인지 더 신중하게 생각하는 걸 추천해. 그리고 한번 결정한 일은 책임감 있게 밀고 나가는 태도도 중요해. 칼을 뽑았으면 무라도 자르라는 말, 알고 있지? 시작한 일은 어떻게든 끝을 본다면, 고생한 만큼 값진 결과가 따라올 거야.

그리고 변덕이 꼭 나쁜 것만은 아니라는 것도 기억해 줘. 변덕이란 빠르게 변하는 자신의 마음에 귀를 기울이고, 그 변화를 인정하는 솔직한 태도이기도 하거든. 하기 싫은 일을 울면서 억지로 하는 것보다는 좋아하는 일을 찾아 떠나는 게 더 용기 있는 선택일 때도 있어. 그러니 만약 네가 변덕쟁이형 사람이라면, 네 마음을 섬세하게 돌보는 태도는 지키면서도, 책임감을 조금씩 길러나가는 연습을 해 보면 어떨까?

E 나는 어떤 사람일까?

분위기 메이커형

타고난 말솜씨와 유머 감각으로 친구들을 웃게 만들 곤 하니? 조용하거나 울적하던 분위기에서도 사람들을 금방 즐겁게 만들 수 있니? 그렇다면 너는 분위기 메이커형 사람일 거야. 분위기 메이커는 말 그대로 사람들 사이의 분위기를 주도적으로 만들어나가는 사람을 뜻해.

분위기 메이커형 사람은 정말 외향적이야. 혼자서 조용히 하는 일보다는 여럿이 모여서 하는 일을 더 좋아해서, 반 친구들이 다 같이 하는 게임이나 활동에 적극적으로 참여하곤 해. 그리고 처음 보는 사람에게도 쉽게 다가간단다. 새 학년이 시작되는 날, 분위기 메이커형 사람은 모두가 어색해하는 와중에 가장 먼저 말문을 열고 친구들에게 다가갈 거야.

그렇다면 외향적인 사람들은 모두 분위기 메이커인 걸까? 그렇지는 않아. 외향적이라고 해도 주변 분위기를 잘 살피지 못하고 무례하게 군다면 사람들을 즐겁게 만들 수 없거든. 즉, 분위기 메이커형 사람이 되려면 다른 사람의 감정을 빠르게 파악하고 센스 있게 행동하는 '공감 능력'을 가지고 있어야 해.

그리고 포용력 또한 분위기 메이커의 중요한 특징이야. 소외된 친구가 생기지 않도록 모든 아이들을 끌어안을 수 있는 능력 말이야. 너희 주변에도 몇 명이랑만 친하게 지내는 아이들이 있고, 반 아이들 모두랑 친하게 지내는 친구가 있을 거야. 나와 좀 다르더라도 다양한 사람들과 어울릴 줄 아는 사람만이 분위기를 주도할 수 있겠지?

분위기 메이커형 사람에게 어울리는 직업으로는 레크리에이션 강사가 있어. 강의를 하거나 사회를 보면서 사람들을 즐겁게 만들려면, 분위기 메이커형 사람의 센스와 순발력이 꼭 필요하지. 그리고 물건을 파는 영업 사원도 알맞은 직업이겠지? 분위기 메이커형 사람의 공감 능력을 발휘한다면, 사람들의 마음을 움직여 더 많은 고객을 확보할 수 있을 거야.

신나지? 나도 신나!

나는 어떤 사람일까? F

'근심'이라는 말 들어봤지? 근심은 해결되지 않은 일 때문에 속을 태우거나 우울해하는 것을 뜻해. 그렇다면 근심 걱정형 사람은 어떤 사람일까? 아픈 곳이 없는데도 큰 병에 걸린 것은 아닌지 자꾸 걱정하는 사람, 혹은 침대에 누우면 고민이 파도처럼 밀려와 잠을 이루지 못하는 사람이겠지. 근심걱정형 사람에 대해 조금 더 자세히 이야기해볼까?

근심걱정형 사람은 예민하면서도 소심한 성격의 소유자야. 남들은 쉽게 지나치는 일에도 크게 반응하고, 하나의 걱정거리에 오래도록 빠져 있곤 해. 예를 들면 책상 서랍에서 자신의 이름이 적힌 종잇조각을 발견했다고 해보자. 대부분은 그 일을 금방 잊어버리겠지만, 근심걱정형 사람은 그렇지 않을 거야. 그는 그 종이를 만지작거리며 누군가 자신을 괴롭히려 하는 것은 아닐지 끊임없이 걱정하겠지.

근심 걱정형

이처럼 좋은 일보다는 나쁜 일을 먼저 생각하는 태도를 비관성이라고 했지? 근심걱정형 사람은 세상을 비관적으로 바라보는 경향이 있어. 그런데 그 비관성은 세상을 삐딱하게 바라본다기보다는, 안전하게 지키려는 태도에 가까워. 이를테면 물놀이를 갔는데 누군가 상처가 났다고 해 보자. 그 사람을 치료해 줄 수 있는 사람은 만약의 사태에 대비해 비상약품을 가져온 근심걱정형 사람뿐일 거야.

즉, 근심걱정형 사람은 매우 섬세하고 신중한 성격이라고 할 수 있어. 다양한 상황을 고려하며 주변을 살피기 때문에, 자기 자신뿐 아니라 다른 이들에게도 도움을 주는 경우가 많아. 근심걱정형 사람은 준비성이 뛰어나고 일을 꼼꼼하게 처리한다는 이유로 주변 이들에게 신뢰를 받는단다.

그런데 아무리 자신과 주변 이들의 안전을 지킨다고 해도, 지나치게 큰 걱정에 휩싸여 사는 것은 좋지 않겠지? 만약 네가 근심걱정형 사람이라면, 너의 행복을 위해서 마음의 짐을 조금씩 더는 연습을 해봐. 침대 아래에서 무서운 걱정들이 스멀스멀 올라올 땐 눈을 꼭 감고 즐거운 생각을 해보고, 일기장에 너를 괴롭히는 문제들을 하나씩 적어보며 그것들이 실은 별일이 아니라는 사실을 기억해 보는 것도 좋아. 너의 세심함과 준비성이라는 장점들은 간직하되 지금의 행복에 조금만 더 귀를 기울인다면, 훨씬 더 활기찬 삶을 보낼 수 있을 거야!

G 나는 어떤 사람일까?

천사형

무거운 짐을 들고 가시는 할머니를 보면 곧장 뛰어가 도와드리고 싶어지니? 누군가 말도 안 되는 일로 너를 화나게 해도 그 사람의 사정을 생각하며 그를 이해하게 되니? 그렇다면 너는 천사형 사람일 거야. 진정으로 사람을 사랑할 줄 아는, 따듯한 마음의 소유자 말이야.

천사형 사람은 희생정신이 정말 큰 사람이야. 희생정신이란 자신이 손해를 보더라도 남을 도우려 하는 이타적인 마음이지. 너희도 뉴스에서 본 기억이 있을 거야. 어려운 사람들을 위해 남몰래 돈을 기부하거나, 독거노인분들께 몇십 년간 봉사해온 사람들 말이야. 내가 힘들거나 손해를 본다 해도 남을 도우려 하는 그들의 마음은 그야말로 천사의 마음이겠지?

천사형 사람은 대체로 외향적이야. 누군가에게 도움을 주려면 그만큼 주변의 일에 관심을 가져야 하고, 낯선 이에게도 다가갈 줄 알아야 하기 때문이지. 포용력이 좋은 것도 특징이야. 반 친구들 모두가 한 아이를 싫어할 때도, 천사형 사람은 그 친구의 말을 끝까지 들어주려 한단다. 누군가의 상처받은 마음을 어루만져주는 이 태도는 '공감 능력'이라는 말로도 표현될 수 있겠지?

자존감이 높은 것도 천사형 사람의 특징 중의 하나야. 자기 자신을 사랑할 수 있는 사람만이 남을 사랑할 수 있거든. 너희가 너희 자신을 사랑하지 않는다면 이 세상을 아름답게 볼 수 없고, 따듯한 마음으로 남을 돌볼 수도 없다는 거야. 그러니 천사형 사람이 되고 싶다면 일단 내 마음을 세심하게 돌볼 줄 알아야겠지?

천사형 사람에게 어울리는 첫 번째 직업은 사회복지사야. 어려운 사람들을 가장 가까이에서 살피고 돌보는 일을 하기 때문에, 사회복지사에게는 배려심과 포용력이 꼭 필요하거든. 그리고 상담가도 천사형 사람에게 알맞은 직업이야. 누군가의 이야기를 듣고 그 사람에게 꼭 맞는 위로와 조언을 건네려면 공감 능력이 필요하니까 말이야. 또 목사와 수녀, 스님과 같이 인간에 대한 사랑을 통해 세상을 살피는 종교인도 천사형 사람에게 잘 어울리는 직업이란다!

나는 어떤 사람일까? H

철학자는 세계의 본질을 파헤쳐 삶의 의미를 찾아내려 하는 사람이야. 그는 남들이 당연하게 생각하는 진리에 대해서도 의심을 하지. 그리고 끊임없이 질문을 던진단다. "나는 왜 태어났을까?", "존재라는 것은 무엇일까?", "인간은 왜 살까?" 등등. 혹시 너도 그런 질문을 던져본 적 있다면, 철학자형 사람일 수도 있어. 철학자형이 정확히 어떤 사람인지, 이야기해 줄게.

철학자형 사람은 호기심이 굉장히 강해. 그런데 그 호기심은 단순한 호기심이 아니라 '비판적인 호기심'이야. 비판적인 호기심이란 당연하게 여겨지는 것들을 비틀어서 다시 생각해 보는 태도지. 이를테면 데카르트라는 철학자를 예로 들 수 있어. 데카르트는 우리 눈앞에 있는 세상이 진짜가 아닐 수도 있다고 이야기했단다. 우리가 보고 듣고 만지는 것들은 언제든 변할 수 있기 때문에 믿을 수 없다는 거지. 눈앞에 보이는 아름다운 풍경과 달콤한 아이스크림의 맛이 거짓일 수도 있다니! 철학자란 정말 독특하고 반항적인 생각을 하는 사람이지?

철학자형 사람은 매우 자율적이기도 해. 누군가 떠먹여주는 지식을 받아먹는 게 아니라, 자기 스스로 진리를 찾아 나서려고 하지. 그렇기 때문에 매우 내향적이기도 하단다. 끊임없이 이어지는 생각에만 집중하기 때문에, 바깥을 돌아다니기보단 방 안에서 혼자 있는 시간이 많거든. 예를 들면 괜히 기분이 좋지 않은 날에, 철학자형 사람은 친구들을 만나러 가기보단 자신의 생각을 조용히 일기로 써내려 갈 거야. 기분이 왜 좋지 않은지, 기분을 좋게 만들기 위해선 어떻게 해야 하는지, 심지어 기분이란 무엇이며 자신은 왜 기분에 휘둘리는 존재로 태어났는지 고민하면서 말이야.

철학자형 사람은 깊고 자세한 생각을 하려고 노력하는 사람이기 때문에, 남들이 놓치고 사는 삶의 의미를 찾아낼 가능성이 커. 그런데, 너무 자신만의 생각에 갇혀서 세상과 단절되지 않도록 할 필요가 있어. 삶의 의미는 책 속에도 있고, 내 머릿속에도 있지만 가족들이나 친구들과 함께하는 왁자지껄한 생활 속에도 있거든. 그러니까 때로는 바깥으로 나와 사랑하는 사람들과 대화를 나누고, 신나게 깔깔 웃어 보는 것은 어떨까!

오늘은 친구들이랑 얘기나 해볼까?

1 나는 어떤 사람일까?

서포터형

서포터라는 말 들어 본 적 있니? 서포터는 어떤 사람이나 팀을 지원해주고, 그들이 최상의 효과를 낼 수 있도록 만들어주는 사람이야. 동경하는 연예인이나 운동선수를 보면서 그들을 도와주는 일을 하고 싶다고 생각해 본 적 있니? 그렇다면 너는 서포터형 사람일 수도 있어. 서포터형 사람이 어떤 사람인지, 지금부터 자세히 이야기해 보자.

서포터형 사람은 희생정신이 강해. 자신이 조금 힘들지라도, 누군가의 성장을 위해 묵묵히 노력하곤 하지. 축구 선수들이 경기에 집중할 수 있도록 여러 장비를 준비하는 매니저나, 가수들이 좋은 무대에서 노래할 수 있도록 무대 뒤에서 그들을 돕는 스태프를 생각해 봐. 자신의 노력이 겉으로 드러나지 않더라도, 그들은 자신들이 지지하는 누군가를 위해서 성실하게 일한단다.

그러니까 어떤 팀을 위해 일한다고 할 때, 서포터형 사람은 자기 자신의 성장보단 팀의 성장을 우선으로 생각해. 개인보다는 집단을 더 중요하게 생각하는 거지. 서포터형 사람은 자신이 속한 팀을 성공시키려는 강한 인정욕을 가지고 있어. 자신의 노력으로 팀을 성장시켰을 때, 누구보다 큰 보람을 느끼곤 하지. 예를 들면 반 아이들이 다 같이 피구를 하는 상황을 생각해 봐. 서포터형 사람은 자신이 주목받는 것보단 팀의 승리를 중요하게 여기기 때문에, 피구를 잘하는 친구에게 공을 건네주며 그를 도와줄 거야. 그리고 그런 노력으로 팀이 승리했을 때 누구보다 행복해하겠지.

이처럼 서포터형 사람은 조용하고도 현명한 방식으로 누군가를 도와주는 사람이야. 그래서 그는 언제나 전략적으로 행동하려고 하지. 자신이 지지하는 사람이나 팀에게 일어날 수 있는 모든 일에 대해 언제나 준비된 상태여야 하기 때문에, 자신만의 원칙을 가지고 일을 하곤 해. 꼼꼼한 원칙 없이 자기 마음대로만 일한다면, 도와주려다가 오히려 방해를 할 수도 있잖아?

서포터형 사람에게 어울리는 첫 번째 직업은 선생님이야. 선생님은 아이들이 바람직한 방향으로 성장할 수 있도록 가장 가까이에서 그들을 돕는 사람이니까 말이야. 선생님이 되려면 학생들에 대한 사랑뿐 아니라 희생정신도 꼭 있어야 해. 그리고 스포츠 매니저도 서포터형 사람에게 잘 어울리는 직업이란다. 운동선수들의 계약과 관리를 돕고 팀의 운영을 지원하려면, 서포터형 사람의 전략적이고 꼼꼼한 노력이 꼭 필요하겠지?

나는 어떤 사람일까? J

발명가는 번뜩이는 아이디어로 새로운 물건을 만들어 내는 사람이야. 발명가형 사람은 이 세상에 없는 무언가에 대해 끊임없이 상상하곤 해. 물건의 구조와 원리에도 관심이 많아서, 멀쩡한 라디오나 장난감을 분해해 보기도 한단다.

발명가형 사람은 톡톡 튀는 창의성을 지녔어. 남들은 잘 하지 않는 엉뚱한 생각에 자주 빠지고, 그 생각을 집요하게 파고들곤 하지. 이를테면 계곡에 놀러 갔다가 물속에서 넘어졌다고 해 보자. 발명가형 사람은 어떻게 하면 물속에서도 미끄러지지 않는 신발을 만들 수 있을지 고민할 거야. 그리고 집으로 오자마자 그 신발을 그려본 뒤 직접 만들어 보려고 하겠지.

발명가형

즉, 발명가형 사람은 호기심과 실행력을 동시에 가진 사람이야. 그는 상상에만 머무르지 않고 무언가를 실제로 만들어보려고 해. 그리고 매우 자율적이기도 하단다. 다른 사람이 시키는 일을 하기보단, 스스로 계획한 일을 해나가는 것을 좋아해. 그래서 규칙에 얽매이는 일보다는 즉흥적인 일을 더 좋아하지.

또 발명가형 사람은 매우 도전적이야. 세기의 발명가 에디슨은 "천재는 1퍼센트의 영감과 99퍼센트의 땀으로 이루어져 있다."고 이야기했어. 무언가를 만들어내기 위해선 끊임없이 노력하는 태도가 필요하다는 얘기지. 이처럼 발명가형 사람은 누구보다도 강한 끈기를 지니고 있어. 어려운 과제가 주어진다 해도 그는 발명을 계속해 나갈 거야. 좌절하기는커녕 오히려 그 과정을 즐기면서 말이야!

발명가형 사람에게 가장 어울리는 직업은 당연히 발명가겠지? 세상에 없던 물건이나 기술을 전문적으로 개발하려면, 반짝이는 호기심과 도전 정신이 꼭 필요해. 그리고 프로그래머도 알맞은 직업이란다. 컴퓨터 프로그램이나 게임을 만들어내는 프로그래머는 창의성과 끈기를 동시에 갖추고 있어야 하기 때문이지.

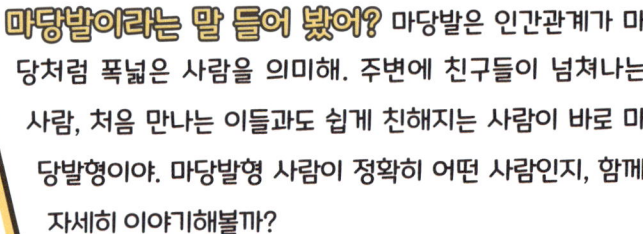

K 나는 어떤 사람일까?

마당발이라는 말 들어 봤어? 마당발은 인간관계가 마당처럼 폭넓은 사람을 의미해. 주변에 친구들이 넘쳐나는 사람, 처음 만나는 이들과도 쉽게 친해지는 사람이 바로 마당발형이야. 마당발형 사람이 정확히 어떤 사람인지, 함께 자세히 이야기해볼까?

마당발형 사람은 매우 외향적이야. 집 안보다는 바깥에서 시간을 보내는 것을 좋아해. 그리고 인사성이 밝아서, 처음 만나는 사람에게도 거리낌 없이 다가가. 학교에서도, 슈퍼에서도, 문구점에서도, 마주치는 사람들에게 밝게 인사를 건네며 자연스럽게 대화를 이어나가곤 해. 그만큼 사람들은 마당발형 사람에게 쉽게 마음을 열겠지?

또, 마당발형 사람은 개방적인 성격을 지녔어. 자기 생각만 무작정 내세우지 않고, 열린 마음으로 여러 의견을 들어 보려고 해. 이를테면 친구들이 반으로 나뉘어 싸우고 있다고 해 보자. 마당발형 사람은 어느 한쪽의 편을 들지 않고, 양쪽 모두의 의견을 들어볼 거야. 그리고 특유의 붙임성으로 친구들을 화해시키려고 하겠지. 이처럼 마당발형 사람은 마음속에 벽을 세우지 않아. 열린 생각을 통해 다양한 사람들과 자유롭게 어울리려고 한단다.

그리고 마당발형 사람에게는 사람들의 마음을 헤아리는 능력이 있어. 그래서 표정만 보고도 친구의 기분을 귀신같이 알아차리기도 해. 너희 주변에도 그런 사람이 있을 거야. 누군가의 말을 잘 들어준다거나 그를 진심으로 위로해주고, 응원해주는 친구 말이야. 이러한 공감 능력은 마당발형 사람의 큰 장점이란다. 그리고 그의 주변에 사람이 끊이지 않는 이유이기도 하지. 마당발형 사람처럼 따듯한 말과 마음으로 상대를 대한다면, 누구나 그와 가까이 지내고 싶어 하겠지?

나는 어떤 사람일까? ㄴ

하기 싫은 일들도 두 눈 꼭 감고 해치워 버리는 성격이니? 목소리가 크고 겁이 없어서, 친구들이 무서워하는 일도 앞장서서 해결해주곤 하니? 그렇다면 너는 불도저형 사람일 거야. 드넓은 땅 위의 불도저처럼, 에너지가 넘치는 사람 말이야!

불도저형 사람은 뛰어난 결단성을 지녔어. 결단성은 망설임 없이 확실한 결정을 내리는 성격이라고 했지? 불도저형 사람은 원하는 바가 뚜렷하고, 그것을 거침없이 표현하곤 해. 예를 들어 친구들과 주말에 모여 놀기로 했다고 하자. 어디로 가야 좋을지 몰라서 다들 우물쭈물 하고 있을 때, 불도저형 사람은 큰 목소리로 이렇게 말할 거야. "우리 놀이터 가자! 다들 날 따라와!"

불도저형

불도저형 사람은 매사에 자신감이 넘치는 편이야. 혈기왕성이라는 말 들어봤어? 피가 빠르게 도는 것처럼 기운이 넘친다는 말인데, 불도저형 사람이 딱 그런 타입이지. 특히, 힘든 상황에서도 포기하지 않는 것은 불도저형 사람의 큰 장점이야. 이를테면 체육 대회에서 꼴찌를 하고 있는 상황에서도, 불도저형 사람은 승패를 뒤집을 수 있다는 믿음을 잃지 않고 경기에 최선을 다할 거야. 이런 대담성은 주변 사람들에게 힘을 주고, 더 좋은 결과를 가져다주겠지.

그런데, 이처럼 자신감 넘치는 성격이 언제나 좋은 것만은 아니란다. 생각이 확고하고 그 생각을 빨리 추진하는 만큼, 사소한 부분에서 실수를 하기도 쉽기 때문이야. 그러니 만약 네가 불도저형 사람이라면, 작은 것들도 꼼꼼히 확인하는 습관을 길러보는 것을 추천해. 그리고 중요한 결정을 할 땐 다른 사람의 이야기를 충분히 들어보는 것도 좋겠지? 조금만 더 신중해진다면, 너의 불도저 같은 자신감과 용기가 더욱 빛을 발할 거야!

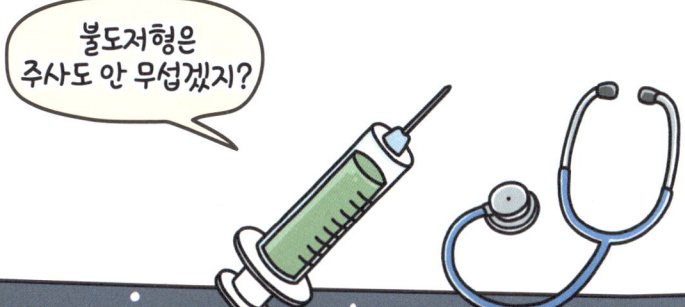

불도저형은 주사도 안 무섭겠지?

M 나는 어떤 사람일까?

사소한 일에도 쉽게 감동해서 눈물을 흘리곤 하니? 그림이나 노래, 춤과 같이 너의 감정을 창의적으로 드러낼 수 있는 창구를 가지고 있니? 그렇다면 너는 예술가형 사람일 거야. 작품을 통해 자기 생각을 세상에 자유롭게 드러내는 예술가 말이야.

예술가형 사람의 가장 큰 특징은 예민성이야. 몸의 여러 감각이 예민하게 발달해 있을 뿐 아니라, 마음 또한 굉장히 섬세하고 감수성이 풍부하지. 이를테면 사람들이 모여 밤하늘의 별들을 구경하고 있다고 해보자. 별들 속에서 곰이나 물고기, 염소 같은 다양한 동물들의 형상을 발견해 내는 사람은 분명 예민한 감수성을 가진 예술가형 사람일 거야.

예술가형 사람은 매우 감성적이야. 객관적인 논리에 따르기보다는, 자신의 마음이 움직이는 대로 행동하곤 해. 예를 들어 학교도, 학원도 가지 않는 여유로운 주말이 있다고 해 보자. 주말에 무엇을 할지 계획을 짜고 행동하는 사람들도 있지만, 예술가형 사람은 그러지 않을 거야. 그는 그때그때 가고 싶은 곳을 가고, 먹고 싶은 것을 먹겠지. 그리고 그런 자유로운 시간 동안 느꼈던 감정을 글이나 그림을 통해 표현하려 할 거야.

이처럼 예술가형 사람들은 자신의 선택을 믿고, 그에 따라 주체적으로 행동하는 사람이야. 사회의 뻔한 규칙과 틀을 거부하고, 자신만의 세계를 세워나가려고 하지. 그렇기 때문에 예술가형 사람은 자존감이 매우 높아. 자신을 사랑해야만 자기 마음에 귀를 기울이고, 그 마음을 솔직하게 표현할 수 있기 때문이지.

예술가형 사람에게 가장 잘 어울리는 직업은 말 그대로 예술가야. 아름다운 그림이나 음악, 글을 통해 자신의 마음을 세상에 내보이는 일은 예술가형 사람을 더없이 행복하게 할 거야. 만약 네가 예술가가 되고 싶다면, 수많은 예술 작품 중에서 너의 마음을 가장 크게 흔드는 것은 무엇인지 생각해 봐. 화가부터 공예가, 가수, 작곡가, 무용가, 시인, 소설가 등등, 예술가라는 직업의 범위는 정말 넓으니까 말이야!

나는 어떤 사람일까? N

혁신가는 낡은 제도에 저항하며 세상을 바꿔 나가는 사람이야. 혹시 반 친구들이 겪는 문제를 해결하기 위해 발 벗고 나서본 적 있어? 아니면 언젠가 이 세상을 바로잡겠다는 꿈을 가지고 있니? 그렇다면 너는 혁신가형 사람일 거야. 혁신가형 사람은 정확히 어떤 사람일까?

혁신가형 사람은 우리 사회의 당연한 규칙들에 대해 의심이 많아. 이를테면 나이가 많은 사람에게는 존댓말을 써야 한다든가, 치마는 여자만 입어야 한다는 고정관념에 대해서 "왜 꼭 그래야 해?"라는 질문을 던지지. 그리고 그 고정관념을 버리면 더 좋은 세상이 되지 않을까 상상해 본단다. 이처럼 당연한 것들을 뒤집어 생각하는 것을 '비판적인 태도'라고 했지? 혁신가형 사람은 그 누구보다 비판적이고 예리한 시선을 가졌어.

혁신가형

그리고 열정과 도전 정신이 강한 것도 큰 특징이야. 혁신가형 사람은 더 좋은 사회를 만들기 위해 앞장을 서곤 해. 예를 들면, 백성들을 위해 한글을 만든 세종대왕도 혁신가였단다. 이전까지 백성들은 문자를 모르고 살았는데, 한글 덕분에 편리한 생활을 하게 되었어. 조선에 대한 세종대왕의 사랑과 열정이 없었다면 불가능한 일이었겠지?

또 혁신가형 사람은 대담하고 결단력이 있어. 변덕쟁이형 사람과는 반대로, 결정을 내리는 데에 망설임이 없고, 한번 결심한 일은 어떻게든 밀고 나가지. 그리고 자율성이 뛰어나기도 해. 누군가가 시키는 일보다는 자신이 진정으로 원하는 일을 하고 싶어 하지. 혁신가형 사람은 이처럼 뚝심이 매우 강해서 그 곧은 태도로 세상의 새로운 틀을 세우려고 노력하지.

혁신가형 사람에게 어울리는 직업으로는 정치인이 있어. 정치인은 우리 사회의 어려운 점들을 적극적으로 바꾸어 나가는 사람이기 때문에, 혁신가형 사람의 대담성과 열정을 꼭 갖추고 있어야 해. 그리고 사업가도 알맞은 직업이란다. 혁신가형 사람의 도전 정신과 결단력을 지닌다면, 기업을 더 현명하게 운영해 나갈 수 있겠지?

❶ 나는 어떤 사람일까?

연구자형

책상 앞에 앉아서 무언가에 대해 조용히 생각하고 공부하는 시간을 좋아하니? 궁금한 것이 생기면 어떻게든 답을 찾아내야만 속이 시원하니? 그렇다면 너는 연구자형 사람일 거야. 연구자는 어떤 일이나 사물에 대해 깊이 있게 조사하고 생각해 진리를 따져보는 사람이지.

연구자형 사람은 호기심이 정말 많단다. 특히 지적인 호기심이 많아서, 무언가를 볼 때 감상에 젖기보다는 객관적인 사실에 관심을 가지곤 해. 예를 들면 모두가 꽃밭을 구경하며 꽃의 아름다움에 감탄할 때, 연구자형 사람은 꽃의 구조가 어떻게 되는지, 암술과 수술은 어떻게 생겼는지, 꽃가루는 어떻게 퍼지는지 궁금해하느라 바쁠 거야.

또 섬세하게 생각하는 것도 큰 특징이야. 정확한 답을 얻어내기 위해 누구보다 꼼꼼하게 계산하는 습관이 몸에 배어 있지. 만약 여러 사람이 모여 케이크를 먹는다면, 연구자형 사람은 케이크를 대충 나눠 먹지 않고 사람 수에 맞춰 똑같은 모양으로 케이크를 자르려고 할 거야. 그리고 규칙적으로 행동하는 걸 좋아하기도 해. 그때그때 마음이 이끌리는 대로 자유롭게 행동하는 예술가형 사람과 달리, 연구자형 사람은 정해진 순서에 맞추어 차근차근 일하는 것을 좋아한단다.

연구자형 사람은 성실하고 끈기가 있어. 자신이 원하는 답을 찾아내기 위해 오래도록 책상 앞에 앉아 있곤 하지. 이런 성격은 주변 이들에게 두터운 신뢰를 받곤 해. 그러나 자신만의 세계에 깊게 빠져서 사람들과 어울리는 법을 잊는 경우가 많으니 조심해야 해. 그리고 조금은 대담하고 자유로운 생각을 할 필요도 있단다. 객관적인 눈으로만 세상을 바라보면 통통 튀는 창의성을 잃을 수도 있거든. 그러니 공부가 좋다고 매일 책만 들여다보지 말고, 가끔은 밖으로 나가 경치를 즐기고, 말도 안 되는 상상에 빠져보는 건 어떨까?

연구자형 사람에게 가장 어울리는 직업은 말 그대로 연구자야. 작은 호기심도 파고들며 깊게 생각하는 것을 좋아하는 연구자형 사람의 성격은 남들이 알지 못하는 진리를 찾아내기에 안성맞춤이지. 그리고 규칙적인 업무를 수행하는 공무원도 알맞은 직업이야. 국가나 지방 단체의 업무를 수행하는 공무원에게는, 연구자형 사람의 꼼꼼하고 성실한 태도가 꼭 필요하기 때문이지.

나는 어떤 사람일까? P

체스나 바둑처럼 집중력이 필요한 게임에 자신이 있니? 평소에는 조용하지만, 승패가 걸린 일 앞에선 누구보다 불타오르니? 그렇다면 너는 승부사형 사람일 거야. 경쟁에 최적화된, 영리하고 재빠른 승부사 말이야.

승부사형 사람은 기본적으로 대담한 성격을 지녔어. 그런데 언제나 에너지가 넘치는 불도저형 사람과 달리, 승부사형 사람은 누군가와 맞서는 순간에만 대담해진단다. 그리고 그 외의 순간에는 뒤로 물러나 주변을 살피곤 해. 예를 들면 펜싱 경기를 생각해 봐. 선수들은 상대의 움직임을 신중하게 관찰하다가, 결정적인 순간에 검을 찌르잖아? 승부사형 사람도 그처럼 평소에는 조용하지만, 무언가에 도전하는 순간엔 화르르 힘을 내곤 해.

승부사형

그리고 자신감이 넘치는 것도 큰 특징이야. 승부사형 사람은 자신의 선택에 대한 확고한 믿음을 가지고 있어. 만약 불리한 조건의 게임을 하게 된다 해도 승부사형 사람은 당황하지 않을 거야. 오히려 주어진 과제들을 차근차근 풀어가며 경기를 이끌어가겠지. 이러한 자신감과 침착함은 승부사형 사람의 큰 장점이야. 게임을 할 때뿐 아니라 일상생활을 할 때도, 승부사형 사람은 여유를 가지고 문제를 해결해 나간단다.

승부사형 사람은 승부욕이 매우 세. 지는 걸 싫어해서, 경쟁에 있어서는 어떻게든 승리를 쟁취하려고 하지. 이를테면 반 친구들끼리 축구 경기를 한다고 해보자. 즐겁게 뛰노는 대부분의 친구들과 달리, 승부사형 사람은 매서운 눈빛으로 경기에 집중할 거야. 그리고 만약 패배한다면 하루 종일 기분이 좋지 않을 거야. 승부사형 사람의 이러한 도전욕은 목표를 이루는 데 큰 도움이 된단다. 만약 무언가 간절하게 이루고 싶은 것이 있다면, 승부사형 사람처럼 중요한 순간에 힘을 발휘해 보면 좋겠지?

승부사형 사람에게 어울리는 직업으로는 변호사가 있어. 변호사는 치열한 말싸움으로 의뢰인을 지켜야 하기 때문에, 승부사형 사람의 신중성과 대담성을 갖추고 있어야 해. 또 운동선수나 프로게이머처럼 실제 게임을 하는 직업도 어울려. 불타는 승부욕으로 꾸준히 연습한다면, 경기의 가장 중요한 순간에 멋지게 한 방을 날릴 수 있겠지?

Q 나는 어떤 사람일까?

탐험가형

길을 걷다 으슥한 지하로 이어지는 정체 모를 계단을 발견했을 때, 그 계단 아래로 내려가 본 적 있어? 나무 위에서 바라본 풍경이 궁금해서 나무 꼭대기까지 무턱대고 기어올라본 적 있어? 그렇다면 너는 탐험가형 사람일 거야. 탐험가는 '위험을 무릅쓰고 새로운 곳을 살피는 사람'을 의미해.

탐험가의 필수 조건은 샘물처럼 차오르는 호기심이야. 새로운 세상에 대한 호기심은 우리로 하여금 모험을 떠나게 하지. 그러니까, 누군가 숲길을 걷고 있는 모습을 상상해 봐. 호기심이 없는 사람이라면 숲속 풍경에 별다른 느낌을 받지 못하고 걷기만 하겠지만, 호기심이 많은 사람은 자꾸 걸음을 멈추고 새로운 길로 들어설 거야. 저 나무는 왜 줄기가 흰색일까? 저 다람쥐의 집은 어디일까? 그런 궁금증이 끊임없이 생겨나서 생각지도 못한 길로 걸음을 옮기게 되는 거지.

탐험가형 사람은 개방적이기도 해. 내가 몰랐던 사실을 받아들이고, 처음 보는 길도 기꺼이 걸어보는 용기가 있지. 만약 네가 바다를 모른 채로 평생을 살았는데, 누군가가 세상 끝에 무한히 넓고 깊은 물웅덩이가 있다고 이야기한다면? 그 낯선 이야기를 넓은 마음으로 받아들일 수 있어야만 바다로 탐험을 떠날 수 있겠지!

그런데 탐험가형 사람은 결국 남의 이야기보다는 자기 생각을 더 믿는 경우가 많아. 탐험가란 세상 사람들의 말에 흔들리지 않고 혼자만의 길을 걷는 사람이니까 말이야. 신대륙을 발견한 위대한 탐험가 콜럼버스는 무려 다섯 개의 나라에서 후원을 거절당했다고 해. 이렇게 모두가 실패할 거라 이야기하는 상황에서도 자기 자신을 믿었기에, 콜럼버스는 멋지게 탐험을 떠나 성공할 수 있었던 거겠지.

이처럼 탐험가형 사람은 도전적이고 호기심이 많은 사람이야. 그만큼 어떤 일을 충동적으로 저지르는 경향이 있기도 하지. 그러니 마음이 두근거리는 일만 찾아 나서다가, 신중하지 못한 태도로 위험에 처하지 않도록 조심해야 해. 세상을 향한 궁금증과 열린 마음은 그대로 두되, 세 걸음을 나아갔다면 한 걸음은 멈추어서 주변을 꼼꼼히 살펴보는 건 어떨까?

세상의 일들에 호기심을 가지고, 우리 사회의 기쁜 소식이나 슬픈 소식을 들으면 가장 먼저 달려가는 기자는 탐험가형 사람에게 적합한 직업이야. 또 물건을 사거나 팔기 위해 세계 어디로든 날아가 다양한 사람들을 만나는 무역업 역시 탐험가형 사람에게 어울리는 일이겠지?

나는 어떤 사람일까? R

완벽주의는 말 그대로 완벽한 것만을 추구하는 태도야. 완벽주의형 사람은 책상 위의 물건들이 조금이라도 흐트러져 있는 것을 싫어해. 시험을 볼 때는 겨우 한 개를 틀려 95점을 맞아도 기분이 안 좋아지. 혹시 너도 완벽을 위해 자기 자신을 치열하게 밀어붙이는 성격이니? 그렇다면 너는 완벽주의형 사람일 거야.

완벽주의형 사람의 가장 큰 특징은 자기반성적인 사고야. 남들에게도 그렇지만 자기 자신에게는 특히 더 엄격하지. 모든 면에서 1등만을 추구하고, 웬만한 것들로는 절대 만족하지 않아. 그래서 매우 비판적이기도 하단다. 예를 들면 물컵 안에 물이 반만큼 차 있다고 해보자. '물이 반이나 있네!'라고 생각할 수도 있겠지만, 완벽주의형 사람은 '아직 물이 반밖에 없잖아?'라고 생각하며 남은 반절을 어떻게 채워야 할지 고민하기 시작할 거야.

완벽주의형

즉, 완벽주의형 사람은 굉장히 예민한 성격이야. 어떤 일에서든 더 좋은 결과를 만들어내기 위해 온몸의 신경을 곤두세우고 살지. 이런 점은 무사태평형 사람과 정반대라고 할 수 있겠지? 만약 사람마다 머릿속의 줄자를 가지고 산다면, 완벽주의형 사람의 줄자는 눈금이 매우 촘촘할 거야. 어떤 나무를 보고 무사태평형 사람은 "대충 3미터쯤 되겠네~"라고 생각하는 반면, 완벽주의형 사람은 "이건 3.15미터야."라고 정확히 이야기하는 거지. 이처럼 완벽주의형 사람은 모든 일에서 한 치의 오차도 용납하지 않는 꼼꼼한 성격을 지녔단다.

그리고 계획적이고 신중한 성격도 완벽주의형 사람의 큰 특징이야. 완벽주의형 사람은 뚜렷한 목표를 정해 두고, 그것을 지켜내기 위해서 치열하게 노력하곤 해. 이러한 노력은 당연히 값진 결과로 이어질 때가 많아. 그러나 때로는 자기 자신을 괴롭게 만들기도 한단다. 그러니 만약 네가 완벽주의형 사람이라면, 모든 면에서 완벽해지려는 욕심을 조금은 내려놓는 건 어떨까? 자신에게 숨 쉴 틈을 주고 부족한 너의 모습도 사랑해 줄 때, 너의 완벽주의는 더 빛을 발할 수 있을 거야.

완벽주의형 사람에게 어울리는 첫 번째 직업은 의사야. 사람의 건강이나 생명을 다루는 일이니만큼, 의사들은 매우 신중하고 예민해야 해. 또 건축가도 완벽주의형 사람에게 알맞은 직업이야. 안전한 공간을 만들어내기 위해서는 계획적이고 꼼꼼한 태도가 꼭 필요하거든. 그리고 편집자도 완벽주의형 사람에게 잘 어울리는 직업이란다. 글 속의 실수를 잘 찾아내서 좋은 책을 만들 수 있지!

S 나는 어떤 사람일까?

사람들에게 주목받는 일을 좋아하니? 혼자 집에 있는 것보단 멋진 옷을 차려입고 바깥에 나가는 것을 더 좋아하니? 그렇다면 너는 연예인형 사람일 거야. 너희가 잘 알고 있듯이 연예인은 배우나 가수, 모델, 코미디언처럼 대중 앞에서 자신의 재주를 뽐내는 사람을 의미해.

연예인형 사람은 대체로 감수성이 풍부하단다. 연기를 하거나 노래를 하는 일은 차가운 이성보다는 따듯한 감성을 필요로 하는 일이기 때문이지. 연예인형 사람은 주변의 일들을 하나의 연극처럼 받아들이고, 자신이 연극의 주인공이 된 것처럼 느끼곤 해. 예를 들면 친한 친구가 먼 곳으로 전학을 간다고 해보자. 연예인형 사람은 전학을 가는 친구에게 조언을 건네기 보다 친구의 슬픔에 공감해주거나 자신의 서운한 마음을 털어놓을 거야. 자신의 감정을 다른 무엇보다도 더 예민하게 받아들이는 성격이기 때문이지.

그리고 연예인형 사람은 열정이 매우 강해. 특히 남들에게 인정을 받으려는 인정 욕구가 강하단다. 연예인형 사람은 발명가형 사람이나 연구자형 사람처럼 방 안에서 혼자 무언가를 이루어 내는 일에 관심이 없어. 대신 사람들에게 재주를 뽐내고 박수 받는 일에서 큰 기쁨을 느끼지. 그래서 옷이나 외모에 신경을 많이 쓰기도 해. 특별한 날이 아니지만 옷을 여러 번 갈아입기도 하고, 잘 차려입은 뒤 거울을 보거나 사진을 찍는 것을 좋아하지.

그리고 연예인형 사람은 참을성이 뛰어나기도 해. 자신의 모습이 남들에게 어떻게 비칠지 신경을 많이 쓰기 때문에, 더욱 침착하게 행동하곤 하지. 유명한 연예인에게는 이런저런 소문이 따라붙거나, 악성 댓글이 달리는 경우가 많다는 거 알고 있지? 연예인형 사람은 그런 상황에 감정적으로 대응하지 않아. 오히려 자신의 좋은 이미지를 유지하기 위해 웃어넘기곤 한단다. 그런데 이런 태도는 자기 자신을 아프게 할 수도 있으니 유의해야 해. 네가 만약 연예인형 사람이라면, 겉으로 드러나는 이미지만큼 너의 마음도 섬세하게 돌봐주면 좋겠지?

남의 시선보다는 내 마음이 중요해!

나는 어떤 사람일까? T

승패가 걸린 일이 있으면 눈에 불을 켜고 달려드니? 몸과 마음이 힘들어도 목표를 이루기 위해 꿋꿋이 노력하곤 하니? 그렇다면 너는 운동선수형 사람일 거야. 꾸준한 연습으로 자신의 한계를 시험해보는, 강인한 운동선수 말이야.

운동선수형 사람은 승부욕과 도전욕이 뛰어나. 어떤 임무가 주어지면, 무슨 수를 써서라도 그 임무를 완수하려고 하지. 특히 운동과 관련된 일에서 이러한 태도가 더 잘 드러나. 이를테면 친구들과 바다에 놀러 가서 수영을 한다고 해 보자. 다들 가볍게 헤엄치며 장난을 칠 때, 운동선수형 사람은 친구들보다 멀리 나아가기 위해 이를 악물고 수영을 할 거야.

운동선수형

이처럼 운동선수형 사람은 인정을 받으려는 욕구가 강해. 혼자 조용히 어떤 일에 집중하는 것보다는, 사람들 속에서 목표를 달성하고 박수 받는 것을 좋아하지. 때문에 운동선수형 사람은 항상 열정이 넘친단다. 이렇게 활기차고 긍정적인 것은 운동선수형 사람의 큰 장점이야. 근심걱정형 사람과는 반대로, 운동선수형 사람은 힘든 일이 있어도 웃어넘기곤 해. 그리고 몸을 더 움직이면서 그 고민을 잊으려고 노력하지.

또 운동선수형 사람은 참을성이 뛰어나. 운동을 하다 보면 숨이 차오르고 몸이 아파지는 순간이 있잖아? 운동선수형 사람은 그런 순간도 인내심을 가지고 견뎌내곤 해. 그리고 그 인내를 통해 자신의 한계를 뛰어넘었을 때 큰 쾌감을 느끼지. 그래서 운동선수형 사람의 라이벌은 다른 누군가가 아닌 자기 자신일 때가 많아. 남을 이기는 것이 아니라, 어제의 나보다 더 좋은 기록을 세우는 것이 운동선수형 사람의 가장 큰 목표인 거지.

U 나는 어떤 사람일까?

모범생은 행동이 바르고 공부를 잘해서 다른 이들에게 모범이 되는 사람을 뜻해. 모범생은 조용하고 착실한 성격을 지녔지. 공부하는 것을 어렵게 생각하지 않고, 바쁘고 힘들어도 숙제는 절대 빼먹지 않기도 해. 혹시 네가 모범생형 사람인지 궁금하니? 모범생형 사람은 정확히 어떤 사람인지 자세히 얘기해 줄게.

모범생형 사람은 꼼꼼한 성격을 지녔어. 무엇 하나 대충 하는 법 없이, 모든 일에 최선을 다하곤 해. 특히 공부를 할 때 그런 성격이 잘 드러난단다. 이를테면 수업을 들을 때, 선생님의 말씀을 한마디도 놓치지 않으려고 노력하곤 해. 가끔은 선생님의 농담까지도 필기해 놓을 정도지. 혼자 공부할 때도 마찬가지란다. 모범생형 사람은 모든 문제를 완벽하게 이해하기 전까지는 절대로 페이지를 넘기는 법이 없어.

또, 매우 규칙적이기도 해. 모범생형 사람은 자신만의 계획을 세우고, 그 계획을 철저하게 지키며 살아가는 것을 좋아해. 이를테면 방학이 되어 생활계획표를 짰다고 해 보자. 하루 이틀이 지나면 다들 그 계획표를 잊어버리고 신나게 놀겠지만, 모범생형 사람은 그렇지 않을 거야. 자신이 정해 놓은 기상 시간과 식사 시간, 공부 시간을 철저하게 지켜가며 하루를 규칙적으로 살아가겠지.

그리고 모범생형 사람은 매우 희생적인 성격을 지녔어. 그는 자신의 목표를 이루기 위해 힘든 시간을 기꺼이 견뎌내곤 해. 예를 들면 여러 명이 모여 조별 과제를 한다고 해 보자. 모두 떠들며 장난만 친다 해도, 모범생형 사람은 꿋꿋이 과제를 할 거야. 혼자 다른 사람의 몫까지 대신하면서 말이야. 이처럼 모범생형 사람은 자신이 목표로 하는 바를 최우선으로 여겨. 그리고 그 목표를 달성하기 위해 자신의 모든 것을 쏟아붓는 끈기를 가지고 있단다.

오늘도 목표를 향해 한 걸음!

나는 어떤 사람일까? V

주변을 둘러보면 항상 아이들의 중심이 되는 친구가 있을 거야. 모든 일이 그 친구 중심으로 돌아가고, 사람들은 그 친구를 믿고 따르곤 하지. 그 친구는 바로 대장형 사람일 거야. 대장은 사람들을 이끄는 힘을 가진, 한 무리의 우두머리를 의미해.

대장형 사람은 매우 외향적이야. 주위에 사람이 많고, 친구들과 쉽게 친해지지. 또 늘 자신감이 넘친단다. 대장형 사람은 좀처럼 주눅이 들거나 소외되는 법이 없어. 언제 어디서나 당당하고, 자신의 의견을 말하는 데 두려움이 없지. 사람들은 이러한 성격의 대장형 사람을 좋아하고 따르곤 해.

대장형

또 대장형 사람은 포용력이 뛰어나. 자신과 의견이 다르더라도 친구의 생각을 먼저 들어주고, 소외된 친구들을 챙기려고 한단다. 예를 들면 학급 회의 시간을 생각해 봐. 진정한 반장이라면 모든 아이들의 의견을 꼼꼼하게 들으려고 할 거야. 자신과 친한 친구의 얘기만 듣는 게 아니라, 소수의 의견에도 귀를 기울이겠지. 이처럼 대장형 사람은 사람들 전체를 아우르는 넓은 마음을 지녔어.

그런데, 대장형 사람의 중요한 특성이 하나 더 있어. 그건 바로 비판적인 사고방식이야. 대장형 사람은 부정적인 것들을 미리 생각하고 그에 대비하려고 해. 예를 들면 다 같이 계곡에 놀러 간다고 해 보자. 친구들이 물장구를 치며 신나게 놀 동안, 대장형 사람은 친구들이 다치진 않을까 걱정하며 주변을 살필 거야. 모두 안전하게 돌아가야 한다는 책임감을 가지고 있기 때문이지. 그래서 대장형 사람은 규칙을 중시하기도 해. 그때그때 떠오르는 생각에 따라 행동하지 않고, 정해진 원칙에 따라 움직이지. 그만큼 대장형 사람이 개인보다 집단의 평화를 중요하게 여긴다는 거겠지?

대장형 사람에게 어울리는 직업으로는 CEO가 있어. 한 회사를 이끌어 나가는 최고 경영 책임자인 CEO가 되려면, 대장형 사람의 포용력과 규칙성이 꼭 필요해. 그리고 정치인도 알맞은 직업이란다. 어떤 지역이나 나라를 다스리려면 그만큼 뛰어난 리더십을 갖추고 있어야 하거든. 대장형 사람처럼 책임감과 자신감을 갖춘다면, 우리 사회의 문제를 더 빠르게 해결해 나갈 수 있지 않을까?

나의 미래를 맞혀봐! 성격테스트

1판 1쇄 2021년 6월 20일

저　자 올드스테어즈 편집부
펴 낸 곳 OLD STAIRS
출판 등록 2008년 1월 10일 제313-2010-284호
이 메 일 oldstairs@daum.net

가격은 뒷면 표지 참조

979-11-91156-23-2
979-11-91156-22-5(세트)

이 책의 전부 또는 일부를 재사용하려면 반드시 OLD STAIRS의 동의를 받아야 합니다.
잘못 만들어진 책은 구매하신 서점에서 교환하여 드립니다.

공통안전기준 표시사항

- **품명** : 도서　　　　· **재질** : 지류
- **제조자명** : Oldstairs　· **제조국명** : 대한민국
- **제조연월** : 2021년 6월
- **주소** : 서울특별시 마포구 양화로12길 24, 4층
- **KC인증유형** : 공급자적합성확인

KC마크는 이 제품이 공통안전기준에 적합하였음을 의미합니다.
책 모서리에 찍히거나 책장에 베이지 않게 조심하세요.